마음 긁혀 아문 자리에 그리움이 피었다

문학고을시선 · 16

마음 긁혀 아문 자리에 그리움이 피었다

초판 1쇄 발행 | 2023년 1월 20일

저 자 | 박중신

펴 낸 곳 | 도서출판 문학고을
펴 낸 이 | 조진희
편 집 자 | 조현민
주소 | 경기 부천시 삼작로317번길 15 (여월동)
서울사무실 | 서울시 강남구 학동로38길 38 (논현동) 204호
전화 | 02-540-3837
이메일 | narin2115@naver.com
등록 | 제2020-111176호

ISBN 979-11-92635-05-7 03810
정가 12,000원

© 박중신, 2023

* 이 책의 판권은 지은이와 도서출판 문학고을에 있습니다.
* 잘못된 책은 구입처에서 교환해 드립니다.

문학고을시선 · 16

마음 긁혀 아문 자리에 그리움이 피었다

들메 박중신 시집

| 시인의 말 |

 65세에 어쩌다 시인이 되었다.
 퇴직 이후, 삶의 후반을 어떤 일을 하며 살아야 할지 고민하였는데, 글과 함께 살 수 있는 기회가 생겼으니 더할 나위 없이 반가운 일이다.
 하지만, 부담도 있다. 등단하였으면 작은 발자취라도 남겨야 하지 않을까, 하는 어이없는 생각으로.
 하여, 이런 부담은 일찍 내려놓는 것이 건강에도 좋은 것 같아, 내 마음에 좀 더 애착이 가는 약 90여 점의 시(시인이 되기 전에 써 놓은 시와 그 후 쓴 시)를 모았다.
 이번 시집에서는 그리움을 표현한 시를 주로 선택하였다. 그런 이유로 "마음 긁혀 아문 자리에 그리움이 피었다"로 첫 시집의 제목으로 삼았다.

젊은 시절은 내가 좋아하는 전기공학자로 살아왔다면, 남은 삶은 문학적 사고가 가미된 조금은 여유로운 생각으로 새로운 세계를 거닐고 싶다.

작가로서 작은 바람이 있다면
가까이는 아내와 자식, 조금 멀게는 친인척 또는 친구들 그리고 나의 시를 우연히 접한 뭇사람에게, 서정이 깃든 차분한 시적 감흥을 느꼈으면 한다.

끝으로 시집이 출간되는데, 많은 도움을 주신 조현민 회장님을 비롯하여 문학고을 관계자 모든 분에게 감사의 말씀을 전하고 싶다.

2022년 12월
인왕산과 북악산이 담긴 창문 앞에서 들메 박중신

| 목차 |

4 시인의 말

1부 살아온 길, 그리움 되어

12 그리움이란(문학고을 제6선집 발표작)
14 가지 말아요
16 고향
18 기억 너머 저편에 서서(문학고을 Vol 6 2021. 겨울, 당선작)
20 고향길
21 고불 길, 저 너머엔 무엇이 있을까!
23 눈 오는 날의 추억(문학고을 제6선집 발표작)
26 당신은 가을입니다
28 비 오는 날의 감성
30 비 내리는 주전 몽돌 바다
32 사무치게 그리운 날에(문학고을 제8선집 발표작)
34 사진첩
36 소낙비와 시간 여행
39 추억 밟기

2부 시어가 되어 준 가족

42 엄마와 배꼽(문학고을 제8선집 발표작)
44 간절곶(문학고을 제7선집 발표작)
46 곰 인형
48 군자란
50 그냥 너라서 좋아
52 대전역
54 외손녀 돌잔치
56 산골 어머니 집

58	아버지 마음
60	안개 낀 백봉령과 돼지고기
63	어머니, 마냥 옛날이 그리울 뿐입니다
66	울 엄마 산에 두고
69	작은딸 독립
71	진달래꽃이 피면
74	파란 대문 기와집
77	큰딸 시집가던 날

3부 먼 길 함께 가고 있는 반려자

80	연민, 그 앞에서
82	곰삭은 부부애
84	내 사랑 내 곁에 Ⅰ
86	내 사랑 내 곁에 Ⅱ
87	달 드리운 월포 겨울밤(문학고을 제8선집 발표작)
89	아내 Ⅰ
92	아내 Ⅱ
95	아내의 가방(문학고을 제7선집 발표작)
98	허공

4부 옹이진 마음자리

102	목발 어르신(문학고을 제7선집 발표작)
105	校庭을 바라보며
107	나에게 삶이란
109	내 마음속 아리랑

111	눈까풀
113	눈물
115	롯데 타워 빌딩
117	마음 한 조각
118	백수의 하루
122	생각
124	생각이 많아서
126	은퇴隱退 그 후
128	인생
131	자전거 산책
133	젊은 내가 찾아와 묻기에 답하다
138	홀로 걷는 길

5부 계절이 흐르는 길목에 서서

142	모과 향 짙은 달밤(문학고을 Vol 6 2021. 겨울, 당선작)
145	5월의 끝날에 서서
147	가을 풍경
149	가을이 떠난 자리에는
151	귀뚜라미 소리
153	낙엽 진 가을마당
154	노을 진 해변 길
156	달과 조개구름
158	달빛
161	밤하늘과 별
164	봄비
166	봄은 내 곁에 이렇게 왔다
168	부암동 산길(문학고을 Vol 6 2021. 겨울, 당선작)

170	북악산北岳山
173	비우고 채우는 숲펜션
175	상수리나무 밑에서
176	새벽 겨울비
178	새벽 바다
180	솔향 가득한 정릉을 찾으니
182	시절 인연
184	연록과 진초록이 어우러졌네
186	연초록 세상
188	인왕산을 오르며
192	저녁은
195	해와 갈매기의 하루

6부 마음 꽃 야생화

200	구절초九節草 사랑
202	능소화凌霄花 연정
204	달맞이꽃
206	민들레
208	배풍등排風藤
210	벚꽃에서 배우다
213	복수초 일생(문학고을 제6선집 발표작)
215	산수유山茱萸
217	야생화
219	유홍초留紅草

222	**해설** 기억 저편에 빛나는 그리움을 찾아서 ｜ 김신영

1부
살아온 길, 그리움 되어

살아 온 길 반추하니
이곳저곳에 그리움이 피어있다.

그리움이 모든 이에게 희망의 씨가
되기를 기대해 본다.

그리움이란 (문학고을 제6선집 발표작)

그리움은
생각이 촛농처럼 녹아
늘어 붙은 자리에
세월이 내려앉아
옹이 진 마음자리니

마음 긁힌 자리에
생각 실로 한 땀 한 땀 기워
세월 발라 아문 자국이
그리움 아닐까.

그리움은
마음속 반딧불이 같은 설렘
심장 핏물에 얹혀 돌고 돌다
몸속 어디쯤 멈춘 감정인 것을

거문고 타는 소리
끊긴 듯 이어지는 언저리에 도사린
끈적이는 울림의 끝자락
역시, 그리움이지

그리움은

초가을 귀뚜라미 울어대는 밤
외로움 이고 사는 노인네
밤새 한숨짓다 지쳐 잠듦이지

외기러기 밤하늘을 예다
외로움에 내뱉은 울음소리
산골 타고 흐르는 메아리
이 또한, 그리움인걸

기억은 엷어지는데
그리움은
어찌 자꾸
깊어지는고.

가지 말아요

가지 말아요.
가지 말아요.
내 마음에 상처를 남기고

오직 당신 생각에
잠 못 이루는 나날인걸요.

슬픔 담긴 눈망울 깊은 안저眼底에
내려앉은 당신의 잔상
지워지지 않는 그대 모습
운명인가 싶어요.

눈물로 홀로 지샌 수많은 밤들
내 손이 날 어루만지며 위로하지만
난 오롯이 당신 위로가 필요해요.

필요 없어요.
필요 없어요
아무것도 필요 없어요
내 곁에 당신 있음만 필요한걸요.

가지 말아요
그대 있으매 제가 있는걸요.

고향

고향 떠난 지 오래
그리움 깊은 만큼
가고픔, 간절해지고

어린 시절 동화 속 마을
망울진 나지막한 산
고향 마을, 손에 꼭 쥐었네

개구진 아이
해 질 녘, 동구밖에 서면
석양빛 물든 마을 끄트머리
아스라이 보이는 그곳

기억 속 그리운 고향에는
형님과 어린 내 동생들이 살고
정겨운 동무가 그곳에 있네

서글픈
타관객지他關客地 고단함
끝에 서서 울면
마음 달래주는 마음속 고향

가슴에 묻어 둔
흙 묻은 기억 속 고향
꿈길 따라 찾아 나서면
먹은 맘 없이
나를 반기는 그곳

기억 너머 저편에 서서(문학고을 Vol 6 2021. 겨울, 당선작)

쇠잔해진 기억을 메고
기억 너머 저편에 서니
나의 옛 모습이 보인다.

형체 없는 아지랑이처럼
아슬랑거리다 사라지고
다시 아슬랑거리는 기억을
젓가락질하듯 들추어 본다.

거적에 덮여 있던 추억
실타래에 감긴 실처럼
살살 따라 오른다.
가끔 엉킨 매듭, 핀셋으로 풀지만
한계가 있구나.

기억 뒤편에 서서 바라본 앳된 옛 얼굴
반가워라.
이젠, 남루하고 헤진 내 얼굴
실망이지만
주름진 얼굴 어루만지며
연륜이라 생각한다.

힘겨웠던 기억
즐거웠던 조각
창피한 줄 모르고 간과했던 날들
바라보니
너
여기까지 오는 여정이
쉽지 않았구나.

늙어, 말라버린 눈물
회춘한 듯 쏟아지니
색바랜 소매 들어
수건 삼아 닦아낸다.

너
수고했다.
너
수고했어

옛 모습 뒤에 서서
나를 토닥이며 위로한다.

고향길

강가를 거닐다,
하늘을 보니
구름이 화가 되어
눈 익은 고향 오솔길을 그린다.

오솔길에 마음 담기니
어느새
나는 고향길을 걷고 있다.

고불 길, 저 너머엔 무엇이 있을까!

어린 내가
산길을 걷는다.

졸졸 계곡물
푸드덕 산새
삐뚤 기암奇巖
꼬불꼬불 산길
휘휘 바람
빵긋 야생화
듬직한 소나무
호리호리 국수나무
울창 숲
풀 향 담은 바람
눈에 코에 귀에 감긴다.

꼬마 마음속
꼬불꼬불 산길 저 너머엔 무엇이 있을까!
종종걸음 재촉해
호기심 속도 맞춘다.

끝 모를 산길
해넘이 끝에 발길 멈추고

외워 둔 산길
되돌아간다.

산자락 저녁 하늘 밑
긴 논두렁 휘어 감기고
낡은 초가집 굴뚝
하얀 연기 실처럼 오르니
산고을 메운 밥 익는 냄새

엄마 내음 그리워
집으로 돌아간다.

눈 오는 날의 추억(문학고을 제6선집 발표작)

창밖에
눈이 내린다.

그날도 오늘처럼
눈이 내렸지

눈 내리는 날이면
추억이 눈사람 되어
오뚝 서
종종거리며
쌓인 눈을 밟곤 했는데

눈 내리는 하늘을 보면
보고픈 고향 친구
그곳에 있어
반가움에
허공을 저으면
그리움 가득 담긴 눈 녹은 물만
손안에 흠뻑 젖었지

눈이 내리면
코트 애리 길게 세운

나그네 되어
논두렁 밭두렁
고향 마을 길
걷고 또 걸었지

오늘처럼
눈 내리던 밤
아랫목에 누우면
치렁거리는 우거지
수저 위에 얹히듯
아무렇게나 놓인 추억이
먹음직스러운 이야기를 건넸는데

눌린 발자국 하나에
추억 하나 콕 찍히고
지려 밟힌 발자국엔
뽀드득 그리운 얼굴

눈이 내리는 날이면
하얀 눈길을 거닐며
추억 밟는 내가
그곳에 있으니

향 짙은 커피 한잔 기울이며
소복이 쌓여가는 함박눈
너를 보며 옷깃을 여민다.

당신은 가을입니다

당신은 가을입니다.
길가에 선, 코스모스
산사의 단풍
드높고 푸른 하늘
계곡 따라 핀 빨강, 노랑 그 옆의 갈잎
가을, 당신이 스쳐 간 자리에
생긴 변화입니다.

당신이 서 있는 자리에는
붉은 청미래 열매가 맺히고
배고픈 뭇짐승의 먹이가 됩니다.
가을, 당신이 준 풍요입니다.

당신 몸에 밴 그윽한 향은
들로 산으로 흩어져
향기가 되어
그리운 옛 기억을 끌어냅니다.
가을, 당신은 추억입니다.

달무리 그윽한 밤 들녘
서걱서걱 벼 머리 흔들어
달빛을 털어 내는 밤

논두렁 바닥 우렁이
달빛, 등불 삼아 이사합니다.
가을, 당신이 그린 정경입니다.

이 계절이 오면
당신이 애 닮게 그리운 것은
가을, 당신이기 때문입니다.

비 오는 날의 감성

가랑비 내리는 토요일 오후
창 벽 타는 빗줄기 보며
갓 내린 향 짙은 커피잔 들고
말없이 창밖을 본다.

펑퍼짐한 평상복 차림의 늘어진 시간
피부 파고든 을씨년스러운 공기
커피잔 온기 손끝으로 느끼며
소리 없이 내리는 비를 바라본다.

커피잔 위에 올라선 어느 웅크린 옛날
주먹 쥔 손가락 펴듯 펼치어 보니
비 오는 어느 날
장작 타는 아궁이 시골집 추억

추적추적 내리는 빗소리
장작 타는 자작자작 소리
얼굴에 전해진 조금은 서글픈 온기
등 뒤를 감싼 한기와 맞부딪치니
내 감정 옆구리를 톡톡 치고 있구나.

장작불에 들썩이는 주전자 뚜껑

하얀 입김 내 뿜는 추억 쥔 그리움
연기처럼 그리움 피어오르니
한 움큼 스며든 비 젖은 외로움

추녀 끝에 대롱거리다 떨어진 옥구슬
마음속에 스며든 영감靈感의 빗물
송송히 맺힌 순고한 정서의 망울
가슴으로 내리는 마음 비로다.

죽순처럼 기어오른
비 오는 날의 감성
커피 향 음미하며
허한 마음을 채우고 있다.

비 내리는 주전 몽돌 바다*

해파_{海波}에 구르는 자갈
넘실대는 파도에
조각배 흔들거린다.

몽돌 적시는 가랑비
젖어 드는 몽돌 바다
살랑 부는 바람에
텐트 치맛자락 펄럭거린다.

삐걱거리며
뒤뚱대는 조각배
빗줄기로 뒤를 감추고

몽돌해변 걷는 나그네
목줄 타고 흐르는 빗물
비 젖은 몽돌 밟으며
실 같은 해변 길을 걷는다.

깜장 색 몽돌
보는 이 없건만
빗물로 세수만 하네

---

* 주전 몽돌 해수욕장: 울산 동구 주전동에 있는 해수욕장

하염없이 내리는 가랑비에
어둠 드리운 몽돌해변
전설 속으로 사라져 간다.

사무치게 그리운 날에(문학고을 제8선집 발표작)

당신 떠난 자리에 서서
황혼이 숨져 가는 하늘을 보며
당신을 그려봅니다.

당신이 떠난 자리에 핀
하얀 그리움은 어찌 그리도 시린지
황혼빛에 사그라져 가는 그대 얼굴
서녘 하늘 바라보며 눈물집니다.

당신이 떠났던 그 날
능소화 빛 노을이 짙게 드리운 것은
안녕하며 흔들었던 손의 진동이
아리게 가슴을 파고든 까닭입니다.

구름 잔해殘骸 가득한 검붉은 하늘
당신 얼굴 품어 안은 노을빛 아픔
당신 떠나 허한 가슴을 채워 봅니다.
뭐라도 채워야 살 것 같아서

차라리 당신이
내년을 기약하는

능소화였으면 좋겠습니다.

내 곁 떠난 당신이
사무치게 그리운 날에

사진첩

부모님 별이 된 후
처음 사진첩을 꺼냈다.

흑백 사진엔
부모님 젊은 시절

색 바랜 컬러 사진엔
중년의 모습

선명하고 진한 컬러 사진엔
나이 드신 익숙한 모습
현시現時로 있네

사진첩
한장 한장
넘기는 페이지마다
각기 다른 묵은 냄새와 시간
동공으로 튕긴다.

보고 싶어도
볼 수 없고
듣고 싶어도

들을 수 없는
그리운 분들

사진첩
깊숙한 곳
묻어둔 시간
현재에 푸니
그리움
잠시나마
달랠 수 있네

사진 속
부모님 모습
가슴에 고인 애절한 그리움
살포시 어루만진다.

소낙비와 시간 여행

하늘은
천둥소리로
비 올 것을 알렸다.

잠시 후
집 앞 단풍나무는
바람이 불고 있음을
머리를 흔들어 알린다.

수줍은 빗방울은
슬쩍 창문을 두드리더니
이내
유리창 벽을 타며
빛 굴절 놀이를 한다.

북악산이 사라지고
인왕산은 수채화로 변했다.

비가 내린다.
굵고 힘찬 빗방울이
창문에 수렴을 단 것처럼

눈을 고정하고
비 떨어지는 창밖을
초점 없이 바라본다.

내 몸이 하늘로 오르고
잠시 후
산천도 하늘로 오른다.

가슴을 적시는 빗방울
아래로 내리꽂는 속도만큼
나는 더 빠르게 하늘로 치솟고
추억 열차를 타고 과거로 향한다.

대학 시절 어느 추억 저편으로

추억 속 그날은
부슬비가 온종일 내렸다.
파스텔 색조로 변한 창밖에
비 젖은 원형 잔디밭이 깔려 있고

파란 우비를 걸친 여인이
푸른 잔디밭을

꿈길 걷듯 빠져나갔다.

창문 껴안은 방송실
호아킨 로드리고의 아란후에스 협주곡으로 휘어 감겼다.

그 후
아란후에스 협주곡*이 흐르면
우비 여인이 푸른 잔디밭을 걷는다.

난 지금
시간 여행을 하고 있다.

비가 온다. 비가 와
비가 거셀수록
난
더 먼 과거로의
시간 여행을 하고 있다.

---

* 아란후에스 협주곡: 시력이 약한 스페인 작곡가 호아킨 로드리고가 기타와 오케스트라를 위한 협주곡으로 작곡한 곡이다. 우리나라에서는 토요명화 시그널 음악으로 사용되면서 익숙해진 곡이다.

추억 밟기

몸담았던 전 직장 강의차 간 곳
92년 이후 10여 년간 근무했던 곳

숲 덮여 공기가 향기롭고
연못 분수대 물 뿜어 하늘 향하고
연못 속 비단잉어가 유형을 하니
추억이 헤엄을 친다.

내가 있던 사무실의 내 자리
어느 후배가 앉아 잇고 있으니
역사는 이렇게 흐르고 있구나.

머릿속을 파고드는 옛날이야기
안갯속 비둘기 걸어 나오듯
가슴에 피어오른 기억 소자들
옛 추억 질퍽거리는 길을 밟는다.

강의실 가는 길은 꿈길이었다.
4월이면 철쭉꽃이 만발한 정원
새롭게 인연 맺은 수많은 교육생
기억의 그림자가 드리워지니
그리움 고여 담긴 눈물이 흐른다.

숲 향 가득한 이 길
출석부 손에 쥐고 걷던 내가
그 옛날을 오늘 걷고 있구나

이곳에 묻어둔 수많은 사연
추억 깃든 앨범을 넘겨 보듯
가끔 반추하며 살아가리라

2부
시어가 되어 준 가족

행복한 순간
어려운 순간

슬며시 내 손등을 덮어 준 그 손
용기와 희망이었다.

엄마와 배꼽(문학고을 제8선집 발표작)

난
이 나이에도
엄마라 부른다.
어머니는 어쩐지 멀다.

내 심장 어디쯤
웅크리고 앉아
내 피를 따뜻하게
데우고 계신 울 엄마

보면 애잔하고
생각하면 눈물인 울 엄마

엄마란 말만 들어도
주름진 얼굴 떠올라
가슴이 아리고 애잔해지니

탯줄로 이어진
뱃속 열 달
자식의 첫 세상 나들이
그 후 세상살이까지
걱정이 일상이 되어

하느님께 기도하시는 울 엄마

내 의지든 아니든
탯줄이 끊기던 아픔은
엄마에 대한
그리움으로 남아 있으니

배꼽은
엄마와의 이별이 아쉬워
그리움 아문 흔적인 것을

무심코 만진 배꼽
손바닥 가득
그리움이 흥건하게 묻었다.

배꼽은
엄마 생각 흘러내리는 샘터로구나.

간절곶(문학고을 제7선집 발표작)

동해 남쪽 푸른 바다
언덕 위 하얀 팔각 등대
붉은 머리 소망 우체통
푸른 사랑이 흐르는
긴 간짓대 같은 간절곶艮絕串

어느 날 찾아온 형님 건강 문제
좌절, 공포 그리고 어두운 기운
온 집안에 먹물처럼 번졌다.

웃음은 사라지고
희망은 사치가 되고
빛과 어둠의 경계를 서성거렸다.

가장 빠른 간절곶 해 오름
가장 빠른 소망 접수처
간절곶 소망 우체통 앞
붉게 젖은 새벽 수평선을 바라보며
무릎 꿇고 하느님께 기도를 한다.

수술이 성공하기를
치료 과정 잘 견뎌내기를

주님의 평화가 넉넉하기를
우체통에 넣어 하느님께 전한다.

수술은 잘 되었고
고통뿐인 치료의 긴 터널
견디어 내니, 기적이 일어났다.

그 후
간절곶艮絕串은
간절곶懇切串이 되었다.

붉은 머리 소망 우체통
마음속에 복사해 두고
고통받는 모든 이를 위해
간절한 소망 담아 접고
하느님께 보내곤 한다.

가슴속에 새겨둔
간절곶 소망 해변 길
우체통 주변은 마음의 고향

곰 인형

병상에 계신 어머니
건조한 피부 가려움
이곳저곳 긁힌 상처
자식 마음도 긁혔다.

어느 날
어머니 손에 쥐여 준
작은 곰 인형 하나
놓칠세라 꼭 쥔 오른손

그 후
핀 적 없는 어머니 손
긁던 행위 멈추니
상처가 아물어 갔다.

병상 생활 수년 후
세상 하직 그날에도
손에 꼭 쥔 곰 인형
관 속 친구 되었다.

곰 인형 동무와 함께
홀연히 떠난 세검정 어머니

요단강 둔덕지나 이른
약속에 땅 가시었도다.

어머님 보고 싶은 마음에
숨죽여 우는 자식
곰 인형 손에 꼭 쥔
어머님이 그립다.

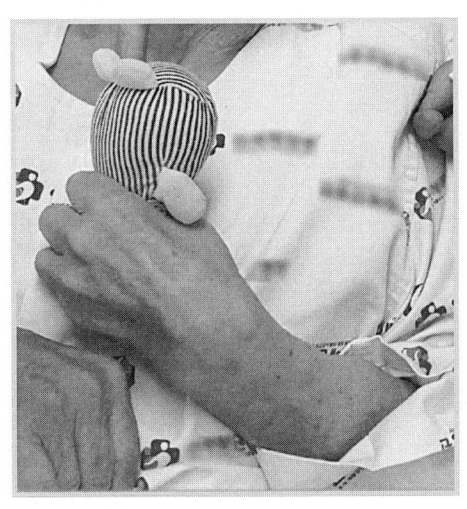

군자란

세검정 어머님 살아생전
키우시던 군자란
지금은 셋째 딸내미 거실에 있네

이 집 온 지 어느덧
4년이 되었구나.

때 되면 피우던 꽃
그분 손길 끊긴 이후
생기 없이 시들시들

임인년 3월 중순 아침
줄기 밑에 올라온 어린 꽃망울
굵고 튼실한 꽃대 세우더니
춘분 무렵이 되니
군자란이 꽃을 피웠다.

군자란꽃 바라보니
떠나신 어머님, 절로 생각나
반가움에
꽃잎 맞대고
그리움 달래본다.

어머님과 함께 산 40년 세월
추억 응축된 꽃잎을 보니
청자 속 학처럼 인자한 어머님 미소
꽃 속에 담겨 있구나.

그냥 너라서 좋아

갓 낳은
너와의 첫 만남
마냥 좋았어.

딸이라서 더 좋았고
너와 함께할 날들에
그냥 좋았지

네가 울어도
좋았고

네가 웃으면
더 좋았지

단 하나
네가 아프거나
힘들어하면
그때는
내 마음 아파

엄마 아빠는
너라서 마냥 좋아

네가 있어
살맛이 나지

희망이 있다면
다른 건 다 필요 없어
그냥 무조건
건강하기를

네가 있어
그냥 무조건 좋아
마냥 행복해

대전역

나는, 그날 저녁
상경을 위해
대전역에서
야간열차를 타야 했다.

아버지는
자식의 밤길 걱정으로
대전역까지
함께 걸었다.

바로 직전
신장결석 통증으로
온 방을 헤매시던
아버지

도중途中에
통증이 재발하여
문 닫힌 병원 문을 두드려
진통제를 맞으신 후
간간이 밀려오는
통증을 참으시며
걷고 걸어

대전역에 도착하였다.

아버지와 나는
개찰구를 사이에 두고
손을 흔들며
이별을 고했다.

아픈 몸으로
홀로 돌아가시는
아버지의 뒷모습에
가슴 아파
눈물 흘렸다.

그 후
대전역은
부정父情을 느끼는
마음속 역이 되었다.

"너도
나처럼
네 자식을 사랑하여라." 하신다.

외손녀 돌잔치

우리와 함께한 날이
벌써 1년이 되었네
잘 자고, 잘 먹고, 잘 놀고, 잘 웃어줘서
고마워

너와 함께하고 있는 시간
가슴이 아리도록
행복하고 또 행복하구나

세상이 주는 온갖 시름도
너의 웃음을
이기지 못하였고
별것 아닌 듯한
너의 몸짓 하나에도
할머니 할아버지의 마음은
푸른 하늘이 되고
초롱초롱 별도 된단다.

손녀야!

할머니 할아버지의 바람은
그냥, 너와 함께 하는 거야

네가 우리 곁에 있음이 행복이거든

손녀야!
돌맞이 축하하고

사랑해

산골 어머니 집

칠보산 치마폭 끝자락
맑은 샘물 흐르는
어머니가 사시는 곳

긴 굴뚝 아궁이
솥 걸린 뒤뜰
달이 마실 오는 곳

맑은 샘에 몸 적신 달
반가움에 뛰어든 산개구리
물속 달님이 살포시 품어 안는 곳

굴뚝 연기 하늘로 오르면
솥에는 고기가 익어가고
구수한 냄새, 칠보산 허리춤을 감으니
산 짐승 콧구멍 키워 킁킁거린다.

들썩이는 솥뚜껑 열어 젖히니
샘터에 있던 달
어느 틈에 솥에 들어와
고기 육수를 마시고 있다.

산골 어머니 집은
고라니, 멧돼지, 산토끼
오갈피, 고구마, 돼지감자
온갖 동식물이 자라고
함께 먹고사는 곳

달빛 떨어지는
칠보산 치마 끝 언저리
구순九旬 어머님이 사시는 곳
어머님의 향취香臭 산골에 고인다.

아버지 마음

생각이 물컹거리던 시절
믿었던 북극성이
하늘에서 사라지니
낙조落照처럼
희망이 가라앉았다.

세월 약 장기 복용으로
잔인했던 기억
창고 속에 가두니
희망이 해 오름처럼
다시 솟았다.

회복된 희망찬 나날
영화 속 한 장면 같은
아버님 생전 대화對話, 마음에 엉겨
산호처럼 자라고 있었으니

병상에 누워 계신 아버지
"농 속 양복을 가져오너라." 하신다.
몹시 흔들리는 손으로
호주머니에서 지폐를
꺼내시더니, 내게 건네신다.

"괜찮아요" 하니, 하신 말씀
"부모는 자식에게 줄 때 행복하다고"

지폐 손에 쥔 등굣길*
병원 엘리베이터 속에서
숨죽여 울었다.

그로부터 한 달 후
가족 곁을 떠나셨다.

아비 된 후에야
비로소 알았다.
"줄 때 행복하다"라는 말씀의 의미를

---

* 당시, 밤에는 병원에서 아버님 병간호를 하고, 낮에는 학교에서 강의를 들었다. 대학교 3학년 때의 일이다.

안개 낀 백봉령과 돼지고기

동녘 빛 머금은 늦가을 아침
희멀건 안개 걸쳐 입은 인왕산
보일 듯 말 듯 가을 품은 여인 같구나.

오늘처럼
안개 낀 날이면
떠오르는 아련한 추억이 있으니

어머님 모시고
안개 자욱한 강원도 백봉령을 넘는다.

안개 낀 오름 막 도로
희미하게 보이는
노란 중앙선 안내양 삼아
백봉령을 넘었다.

뒷자리에 앉은 어머니
"조심하거라" 단 한마디
아들 마음에 짐이 될까,
소리 없는 기도만 하신다.

영領을 넘어

고개 뿌리에 이르니
"안개는 무슨" 하듯
안개 사건은 옛일이 되었다.

어둠에 덮인
정선 읍내
마을을 휘감는
삼겹살 굽는 냄새
코 신경 자극에
힘차게 브레이크를 밟았다.

비닐 천막 간이음식점
화로에 고기 살이 이글거린다.
혀에 닿은 한점
안개 속 긴장 걱정
오간 데 없다.

상床 건너 앉아 계신 어머니
"고기가 참 맛이 있구나."
말씀 한마디에
못난 아들 콧등
시큰한 감정

젓가락 끝에 떨림이 있으니

백봉령* 안개 속에는
돼지고기 한 점 맛보시는
어머니와의 진한 추억이 묻혀 있다.

---

*　백봉령: 강원도 정선군 임계면, 강릉시 옥계면, 동해시 사이에 있는 백두대간의 고개. 높이는 해발 750m.

어머니, 마냥 옛날이 그리울 뿐입니다

쌓인 눈 녹고
진달래 피고 지고
휘휘 바람, 순 바람 되더니
5월이 왔습니다.
어머니!

중환자실에서
가쁜 숨 몰아쉬던 어머님 모습
가슴 졸여 기도하며 바라보았던 생각이 지금도 생생합니다.
어려웠던 순간을 강한 의지로 이겨내신 어머니
눈두덩이 진 물도록 감사합니다.

병상에 누워 맑은 눈으로
말없이 저희를 바라보시는 모습 보며
어머님의 마음을 읽고 또 읽습니다.
무엇을 말씀하고 계신 지를

병상에 계신 어머니
고통 없는
하루하루가 되기를
진심으로 기도합니다.

어머니!
자주 찾아뵙진 못하지만
저희 삶 구석구석에
저희 맘 이곳저곳에
심지心志가 되어
미소 띤 모습으로
때론 가슴 아린 모습으로
저희와 함께 계십니다.

어머님과 함께한 추억 저편엔
맑은 계곡물이 흐르는 설악산과
붉은 단풍 가득한 한계령이 있답니다.

오늘
어버이날을 맞이하여
인자하신 어머님의 옛 모습을 조각난 흰 구름 위에 그려
봅니다.
오늘따라 어머님의 모습이 유난히 또렷한 것은
저희 가슴 속에 자리 잡은 어머님에 대한
망울진 그리움 때문입니다.
어머님 모습, 머릿속에 그릴 수 있는 것만으로도
저희는 그저 행복합니다.

어머니!
사슴이 숲을 뛰어 차오르듯
어머님께서 병상을 박차고
병원을 나오시는
기적의 날이 오기를
기원하고 또 기원합니다.

어머니!
옛 모습이
마냥 그리울 뿐입니다.

울 엄마 산에 두고

울 엄마 산에 두고
집에 홀로 들어서니
허리춤 허전하여
건넛집 방방을 둘러본다.

산에 가신 우리 엄마
오늘 밤 첫 밤인데
혹여
무섭진 않으실까.
아버님 함께하니
무섭진 않을 거야

아버님 핑계 삼아
내 맘
요리조리 달래 본다.

하늘아
산에 계신
울 엄마
오늘 밤, 외로움 탈까 염려되니
별 가득 총총한 밤 부탁한다.

자식 사랑
지극하신 울 엄마

힌철이 별
힌태 별
연옥이 별
연숙이 별
에넹이 별
연수 막내별
헤아리고 헤아리다 지쳐
잠드시거든
별빛 꺼서
좀 더 어두운 밤 부탁한다.

오메야!
매일 밤
별세고 세다
눈물짓진 마이소

그저
아부지랑
살아생전

못다 한 말
소곤소곤
도란도란

부엉새 우는 밤
엄마 소리, 아빠 소리
오손도손
매일 다정한 밤 되시옵기를

작은딸 독립

작은딸이 독립하는 날이다.

자식은 늘 내 품에 있을 것 같은 꿈같은 나날
그 일상이 무너지니
허소한 이 마음 어쩔 방법이 없구나.

눈에 익은 작은딸 아이 물건
하나둘 옮겨져 사라지니
텅 빈 자리에 내 마음으로 채운다.

빈방 바라보니
함께한 세월 흔적
아쉬움만 방 안 가득

밝고 정직한 작은딸 아이
그 얼굴 볼 날 적어짐에
아쉬운 이 마음

공허를 뒤로하고 나를 달랜다.
독립은 성장의 증거
부모 없는 세월 살아갈 능력 키움이라고

딸아이의 독립을 보며
어려 오늘까지
함께한 추억
더욱 간직할 이유 깊은 깨달음

모든 일상은 소중하다고

진달래꽃이 피면

진달래 피는 4월
아버지는 별이 되셨다.
진달래꽃이 피는 계절이 오면
아버지가 생각이 난다.

아버지는 불치병으로
고생하시다
진달래꽃이 흐드러지게
피던 날
하늘이 되셨다.

가시던 날
아침부터 비가
부슬부슬 내리고
병원 중환자실은
죽음 앞에 선 아버지로
의사와 간호사들의 오가는 눈빛이
엄숙하였다.

한쪽에 비켜 서 있는
초라한 우리는
아버지를 응시하며

기둥처럼
서 있을 뿐이다.

시간이 흐른 후
침대 위엔
하얀 천이 덮이고
울음만 가득하다.

아직 체온이 느껴지는 아버지는
우리의 울부짖음에
아무런 반응이 없다.

침대가 움직이고
복도 끝, 엘리베이터를 타니
어둠 속으로 빨려 들어가듯
아래로 향했다.

덜컹 소리와 함께
다시 침대가 움직이고
영안실에 드니
커다란 서랍 속으로
아버지는 들어가셨다.

고통마저 버리시고
저 먼 나라로 가셨다.
홀로 가시는
그 길은 얼마나 외롭고
고독하실까.
안녕히 가시라는
말도 못 하였다.

20 청년이
60 노인이 되니
4월이 오면
울던 진달래가
이젠 웃고 있다.

파란 대문 기와집

막다른 골목
파란 대문집
텃밭 기와집

4남 3녀
살 비비며 살던 그곳
이젠
둘째 여동생 혼자 사는 집

바쁜 서울살이
가 본 지 오래
가끔 꿈속에서
아버지를 만나는 곳

지붕에 몸 기댄 은행나무
대문 앞 선머슴 같은 사철나무
아버지 혼 서린 산수유
헌칠한 목련이 자라는 곳

솔방울 날개 밑 씨앗처럼
기와에 콕 박힌 어린 시절 이야기
둥지 튼 참새가

기와 들추어 떠들어 본다.

파자마 바람에 호미든 아버지
"직지사*에서 받은 씨"라시며
산수유 심으시고

3일간
사철나무 옆에 선
묵주든 백색의白色衣 여인
그 후 천주교 신자 되신 어머니

가을이면
노란 은행잎 마당 가득
홍색 청색 산수유
아롱이다롱이 세상이 되는 곳

꿈속, 그곳
툇마루 끝에 엉덩이 얹힌 형과 나
개 구멍 바지 걸친 동생들
흙 놀이 공기놀이

---
* 직지사(直指寺): 경북 김천시 대항면 운수리 황악산(黃嶽山)에 있는 사찰

꿈속 파란 대문집
난, 아직도
어린 내가 그곳에 살고 있다.

큰딸 시집가던 날

설익어 어색한 아빠인 채로
85년 2월 말 너와의 첫 대면
인연이 시작되었지

유치원으로부터 직장 생활까지 개근한 성실
말수 적고 이해심 많은
마음 빛깔 고운 나의 소중한 큰딸

헤아릴 수 없는 너의 깊은 심지
뒤꼍에 숨겨 표현 없는 너의 심성에
아빠 마음 아린다.

네가 결혼하던 날
나에게 건네준 너의 편지
"아빠 이제 딸은 시집을 갑니다."
편지의 첫 글귀에
너와의 인연이 엷어질까 염려되어
마음이 힘들었었지

집에 돌아와 네가 있던 방문을 여니
물건은 그대로인데
네가 없는 그 방이 어찌나 쓸쓸하던지

내 마음 아픈 자리에 서 있던 너의 모습
너의 길을 걷기 위해 가는 뒷모습
갈 수밖에 없는 너의 인생길
살점이 떨어져 나가는 아픔이었다.

하느님의 마음이 너에게 있기를 빌며
"사랑한다, 큰딸아" 이름을 불러 보았지

행복하여라
건강하여라
주님의 평화가 너와 함께하기를

아비 소원 슬며시 너에게 밀어 건넨다.

3부
먼 길 함께 가고 있는 반려자

사랑하는 마음이 시작이었다면
함께한 세월이 깊어갈수록
애틋하고 애잔함이 깊어진다.

연민, 그 앞에서

내 기억 속 앳된 아내
아내 생각을 중심에 두고
상념에 젖는다.

아내와 나의 젊은 시절은
지층처럼 층 속에 묻히고
풍상에 일그러진 최외각 층만
현재에 드러나 있다.

옛 모습은 사라진 것이 아니라
그냥 그 자리에 묻혀 있을 뿐

불현듯 찾아온 미래가
'삶의 끝'을 화두로 던진다.

던져진 화두
삶의 끝을 생각하니
모든 삶의 끝은 이별이라는
한 방울의 생각으로
귀결되고 말았다.

먼 훗날, 우리 삶에 있을

이별의 순간을
앞당겨 생각하니
거저 오는
수많은 오늘이
고맙고 애틋하다.

내 삶 어느 날에 있을 이별
현실처럼 느껴지니
아내와의 일상이
소중할 뿐이다.

내 곁에서 자는
아내에 대한 연민에 찬
기억의 분비물이
어두운 주변을
이리저리 기어 다니고 있다.

곰삭은 부부애

20대에 만나
일상을 보내다 보니
60 중반을 넘어가고 있다.

고운 정 미운 정
쌓이고 쌓여
아궁이 알불처럼 은은하다.

아직도 쌓을 정 남아
오늘도 정을 쌓는다.
모아 쌓인 정
세월이 되었구나.

먼지 묻은 낡은 세월
덕지덕지 몸에 붙어
남루한 고리짝 되었지만
곰삭은 부부애
향기 가득 구수하다.

마음 담은 눈빛 던지고
사랑담은 손짓 허공에 그려 본다.

밤 깊은 겨울밤
늙은 몸 뒤척이는 까닭은
당신과 함께 그린
젊은 날이 그리워서일까.

내 사랑 내 곁에 I

당신이 내 곁에 있는 한
나는 행복합니다.

삶에서 지혜가 묻어나고
세상을 바라보는 안목과
자신의 의지가 뚜렷한 당신

당신이 내 곁에 있는 한
나는 행복합니다.

당신이 던지는 눈빛만으로도
내 가슴은 새 가슴처럼 뛰고
입가에 머금은 당신의 미소는
그저 나의 행복입니다.

당신이 내 곁에 있는 한
나는 행복합니다.

당신의 말 한마디에
내 마음은 천당과 지옥을 오가고
봄날도 되고, 날 선 서릿발도 됩니다.
당신의 따뜻한 말 한마디는

그저 나의 행복입니다.

당신이 내 곁에 있는 한
나는 행복합니다.

내 사랑 내 곁에 II

멀리 서 있는 당신
작은 몸짓 하나에도
내 마음은
가을 단풍처럼
흔들리고

당신이 웃기만 하여도
내 가슴 벅차올라
무지개 핀
하늘길을 걸어갑니다.

당신이 상념에
잠겨있으면
내 마음 둘 곳 없어
먼 곳을 그저 바라봅니다.

내 곁에 있는 당신 모습
눈 맑은 사슴으로
영원 속에 있습니다.

당신이 내 곁에 있는 한
나는 행복합니다.

달 드리운 월포 겨울밤(문학고을 제8선집 발표작)

보름밤엔
언제나 그러하듯
월포 앞바다에 달 드리우고
바다 위에 떨어진 달빛
길게 누웠다.

흔들리는 파도에 달빛 춤추고
수평선 넘어 오징어 배 집어등 빛이
달빛을 이기지 못한다.

당신과 나
달빛 유혹에
바다로 향하면
수줍은 달빛 길을 밝힌다.

바람만이 넘나드는
밤 깊은 해변
모래 조리질 소리가 요란하다.

달 드리운 월포
늘어진 시간

바람 불어 움츠린 몸
달그림자 데리고
모래 위 달빛 밟으며
월포 해변을 걷는다.

아내 I

곱디곱던 살에
세월이 더해져
지금의 당신

당신은 내 곁에
나는 당신 곁에
서로를 의지하며
지나온 세월
정어린 마음으로
어루만진다.

우리 곁에 맴돌던
즐거운 날
기쁜 날
슬픈 날

가슴으로 받고
손으로 잡고
발로 디디어
살아온 세월
서로 닮기 위한
몸부림이었구려.

당신의 눈빛
나의 손짓
우리만의 언어가 되어
말이 필요 없어라.

함께
살아갈 세월
한 줌 남았으니
늙고
모양 빠진 얼굴
맞대고
웃기 어려워도,
쌓인 정
벗 삼아
남은 세월
살들이
살아 보오.

고운 정
묵은 정
미운 정
모아 보아도

"당신 사랑하오"
이 말을
이기지 못하는구나.

당신 가슴에 남기고픈 마지막 말은

"여보, 사랑하오."

아내 Ⅱ

세월이 문지방 틈으로
도망갑니다.
발길에 차이던 시간
눈처럼 쌓여
처진 눈까풀이 되고
입가에 주름이 됩니다.

세월 묻은 얼굴
바라보다
손을 들어
아내 얼굴을 만져 봅니다.

시간이 타고 간 주름골
왠지
내 탓인 것 같아
미안한 마음으로
아주 아주 천천히
아내 얼굴을 만져 봅니다.

젊을 땐 세월을 따라갔는데
나이 드니 세월을 앞서갑니다.

젊어 선 기억이 세세하더니
이젠 기억이 점점 짧아집니다.

아내의 잠든 모습
젊은 시절엔 사랑스러웠는데
이젠 애잔한 마음 가득합니다.

내 곁에서
자는
아내의 손을 만져 봅니다.
곱디고왔던 손을

어둠 속
어슴푸레
보이는
아내의 손을
더욱 힘주어 꼭 잡아 봅니다.

그리고
속으로
말을 합니다.

고맙고 미안해
그냥, 모든 것이

아내의 가방 (문학고을 제7선집 발표작)

연애 시절부터
들고 다닌 검은색 가방
스님 가방처럼 생겼다.

산 당시 가방 모양
그대로인데
해어지면 깁고 덧대어
천은 이미
옛것이 아니로다.

남루한 누더기 가방
유일하게 남은 옛것은
가방끈 하나

아내의 유일한 가방
아내 마음이 담겨 있다.

자식 남편 먹거리
온갖 생활필수품
적시에 꺼내어 주니
부족함이 없어라.

코흘리개 남편
콧물 흐르면
가방 속 휴지
어느새
내 손에 쥐어져 있다.

가방에 없는 유일한 물건
아내는 그 흔한
휴대전화기 한번
가져 본 적이 없다.

"난 사업가도, 직장인도 아니라
휴대전화기가 필요 없다고"

오늘도
아내는 44년 된
스님 가방처럼 생긴
펑퍼짐하고 모양 빠진
가방을 어깨에 걸었다.

아내는
어제도 오늘도 내일도

이 가방을 메었고
메고 있을 것이다.

아내의 가방은 사랑 나눔 복주머니

허공

당신과 살아 온 세월
허공으로 날아간 색바랜 시간

귓전을 맴도는 당신의 젊은 숨소리
생생하여도
기억 속 환청인 것을

어두운 방
앳된 당신 모습 눈앞에 있어
손 저어 만지려 하니
허공만 손끝에 있어라.

먼지 묻은 시간 뒤져
앳된 당신 모습 찾아
지난 세월을 헤집어 보니
나를 향해
웃고 있는 당신
가슴에 남아 있어라.

기억은 휘발성이라
내 기억 사라지면
이마저도

세상에 없음을
애석하다 할 사람 없으니

내 기억 마저 다 하면
아무도 알 수 없는
먼 곳
당신과 함께
영원 속으로
손잡고 떠납시다, 그려.

4부
옹이진 마음자리

살다 보면
마음에 옹이가 생긴다.

옹이진 마음자리, 화해와 용서의
눈물을 부어
흔적 지우리라

목발 어르신(문학고을 제7선집 발표작)

비 오는 날
한 손에 우산
다른 한 손엔 목발
발 길이 어긋나
한 발 곧추세우고
목발 짚고
어깨 흔들며
빗길 걷는 어르신

우산 들어드릴까요! 하고
말을 건네었더니
하시는 말씀

다리가 틀어지니
마음이 틀어지더군
불편함이 찾아왔지
좌절감의 무게가 참 무겁다.

나에겐 이 모습이 정상이라오
영육이
허락하기까지
달팽이 이사하듯

많은 시간이 걸렸소

좌절과 극복
포기와 지속
비하와 측은
불편함과 편함
정상과 비정상
이들과 참 많이 싸웠지

세월이 흘러
몸과 마음이 이해하고
익숙함이 찾아오니
이젠 편하다오

남 보기에 불편해 보이지만
난 지극히 편하오

세상 가장 불편한 것이
무엇인지 아시오

당신의 시선이오

행불행은 마음 방향입니다.

쩌렁쩌렁 어르신 말씀
멀어질수록 울림이 크다.

햇솜 같은 마음 비가 내리고
땅에 떨어진 편견이
빗물에 녹아 흩어지고 있으니.

校庭을 바라보며

아침 연구실
대학 정문 동편으로 안개가 밀려온다.
철탑에 걸려 있는 전력선이 사라진다.
하늘처럼 보이던 바다도 사라져
내 앞에는 그저 안개뿐
나의 외침도 안개 속으로 속절없이 먹혀 버린다.

초라한 농성장
고요가 정상인 양 적막한 교정
안개가 성난 악어처럼 모든 사물을 먹어 치우니
응어리진 외로움만 가슴에 남아 머리채를 움켜쥔다.

태양은 안개 뒤에 숨고
시간은 안개에 묻혀
낮과 밤 구분이 어렵다.

초라하고 미약한 초침
새가슴 뛰듯 간신히 움직여
시간 더하니
안개가 걷히고
전력선이 보이더니
바다가 다시 나타난다.

표정 없는 정문이 보이고
눈 부신 태양은 나를 무심이 바라본다.

안개 걷힌 농성장
내가 앉아 소리쳤던 천막 농성장은
여전히 초라하지만,
안개가 걷히듯
나약함이 굳셈이 되고
절망이 희망이 되리라는
메시지가 되어 가슴에 안긴다.

나에게 삶이란

삶은
심곡(心曲)*에서 내뿜는
감정선 따라
낯선 길을 걷는 것

심장 뛰는 소리 키우고
거친 호흡 턱에 차는
가파른 고비를 넘고

하늘마음 투영된
시냇물에 발 적시는
여유로움도 있지만

세상 끝날 것 같은
천둥 벼락 앞세운
비바람에
숨죽이는 공포도 있지

골바람 모진 눈보라 속
초라한 옷깃에
어깨 움츠리고

---

* 심곡(心曲): 간절(懇切)하고 애틋한 마음속

견뎌야 하는
굴욕도 넘어야 했다.

건마健馬 근육질 같던 내 허벅지
징검다리 디디던 어느 날
휘청 다리에
스쳐 간 세월을 헤아려 본다.

나에게 삶이란
늙는 것이 아니라
자연에 동화되는 과정일 뿐이라고

내 마음속 아리랑

캥거루 새끼 품듯 살아온 일생
별 뜨고 지는 하늘의 의미가 무엇일까?
뚫어져라 바라보았네.

바라볼 수 없는 태양의 궤적
모양 바꾸는 구름
수줍은 달의 미소
무어라 재잘대는 별

혹여
나에게 무슨 의미를 던져 줄까!
기다리며 살다 보니
이 나이가 되었구나.

산다는 게 무엇이더냐
태어나서 사는 것일 뿐
무슨 큰 뜻 품고 온 것도 아니거늘
남에게 피해 주는 일 없고
나를 모질게 대하지 않으면 그뿐

내 마음속 아리랑, 흥얼거리며
산을 넘는다, 바다를 건넌다.

인생 고개를 홀로 넘는다.

인생사 다 그런 것
누군들 억울하지 않은 자 있나.
내 허물 울러 메고
남의 허물도 울러 메는 것이 인생이 아니더냐

울지 말아라.
인생은 다 그런 것
이슬처럼 왔다가
이슬처럼 사라지는 인생사

아리랑 아리랑 아라리요
아리랑 노랫가락
내 마음에 이고 지고
산은 넘는다, 바다를 건넌다.

무엇을 바라 하늘을 바라보았나!

눈까풀

젊어서는 공부를 위해
눈까풀을 치켜들었고

중년이 돼서는 아내와 자식을 위해
자신의 출세를 위해
눈까풀의 무게를 이겨야 했다.

퇴직 후에는
떨어지는 눈까풀을 애써 들어 올려
세상 바라볼 이유가 없어
소파에 누워
눈까풀을 닫아 시름을 덮는다.

미래의 어느 날
영원히 눈까풀을 들어 올리지 못할 그 날은
내 생애 시간 속 끝날에 마련되어 있다.

눈까풀을
들어 올리지 못할
그날이 오면
나는
마음마저 보태어

영원히
감고 말리라.

눈물

젊어 없던 눈물
자주 눈을 적신다.

멋쩍어 슬쩍 닦아 흔적 없애지만
마음에 맺힌 그는 미처 닦지 못한다.

늙은 눈에 안긴 그는
차오른 그리움 무게로
가슴으로 내려앉아
복받친 마음을 토닥거린다.

늘 삶의 애환 옆에 선
말 없는 그는
가끔
내 마음 되어
남몰래 뺨을 어루만진다.

그는 때때로
정화수 되어
쌓인 감정 찌꺼기를
마시곤 한다.

그가 찾아온 밤이면
술잔 속에
온갖 세상사를 담아
부어라 마셔라 하며
밤을 지새우고 나면

그가 흘러 마른 흔적 길
그 길 끝에 마련된 순수함으로

얼룩졌던 내 영혼은 수정처럼
어느새 빛을 발하고 있다.

롯데 타워 빌딩

기린 목처럼 매끈한 한강 자전거 길
등짐 지듯 등에 여유를 메고
가을빛에 윤슬 아롱진 한강 길을 달린다.

한남대교 밑 자전거 휴게소에 이르니
내가 온다는 소식을 누구에게 들었는지
마중 나와 인사하는 친구 롯데타워 빌딩

휴게소 의자에 엉덩이를 얹히고
키다리 친구 먼발치에 두고
진한 커피 향 한 모금의 여유를 마시고

페달에 힘을 가해 오던 길을 되돌아간다.

동작 대교를 지나며 스치는 생각
친구에게 인사 없이 떠났음을 알아차리고
가던 길을 멈추고 고개를 돌려 보니
정 많은 너는 아직도 나를 바라보고 있으니

가고 있는 내 뒷모습 바라보며
돌아보기만을 기다렸을 친구 키다리
그의 마음이 읽히니 미안하구나

내 삶 속에 서 있는 듬직한 친구
돌아보면 언제나 그 자리에 있는 친구
한강 자전거 길처럼 마음을 내주는 친구

변함없이 나를 바라봐 줄 수 있는
롯데타워 같은 친구가 그립다.

마음 한 조각

마음속 아궁이
격화된 감정
거친 연소 후에
뿜어낸 마음
뒤엉켜 아래로 처진다.

치솟은 마음 한 가닥
기분 줄 타고 오른다.

막다른 벽에 부딪혀
조각난 마음 파편
감정 빛깔 따라
흩뿌려져 펼쳐진
마음 스펙트럼
마음 빛깔 다채롭구나

유난이 빛나는 행복 빛깔

가라앉은 마음으로
다시 하늘을 보니
흰 구름 한 점
무심하게 여백을 채우고 있다.

백수의 하루

눈을 뜨니
해가
북악산 허리를 넘어
하늘 줄을 타고 있다.

길게 팔을 올려
기지개를 켠다.

이불을 멋대로 구긴 채
침대를 내려와
주전자 꼭지를
천장 가까이 올려
빗겨 들고
입을 크게 벌리고
목줄 움직여 벌컥거린다.

이렇게 널브러진 하루가 시작되었다.

의미를 두지 않고
목표를 두지 않으며
그저
거저 주어진 하루에

감사할 뿐이다.

세상 있어,
내가 있고
내가 있어,
세상이 있다.
생각하는
의미 없는
오기도 부려 본다.

바쁜 해는
중천을 숨 가쁘게 오르고
햇빛에 취한
백수의 몸은
소파에 기대어
낮잠을 즐긴다.

때를 넘기는 여유가 있고
힘 빠진 눈동자가
산에 박힌
바위를 보고
천년 살 것처럼

뿌리 박은
소나무를 보고
늘어진
시간을
만지작거리며
긴 숨으로
세상을 본다.

노을 진 하늘
볼 붉은 해가
가쁜 숨 몰아쉰다.
북한산 봉우리
꼭지에 찔려
고통스러워한다.

벨벳 융단처럼
보드라운 어둠이
북악산과 인왕산을 덮고

하나둘씩
켜지는 불빛을 보며
하루의 끝임을 알고

아침에 내려온
낡은 침대에
펴진 이불을
노구에 덮어
하루를 마감한다.

구속 없는 일상이 좋다.

생각

내 생각, 알 수 없어
과거부터 현재까지
살아 온 세월을 돌이켜 본다.

시절이 바뀌니
생각이 바뀌고
나이가 드니
생각이 커져
생각이 바뀌었다.

봄기운에 땅을 밀고
올라오는
고개 숙인 가냘픈 새순의 힘겨움에
생각이 바뀌고

여름, 잿빛 하늘에
창날처럼 번쩍이는 번개와
가슴을 두드리는 천둥소리에
생각이 바뀌고

늦가을 추풍에 떠는 단풍의
애처로움에

생각이 바뀌고

겨울, 찢어진 문풍지 사이로 보이는
소복이 쌓인 반가운 하얀 눈에
생각이 바뀌었다.

내 삶을 돌아보니
난 언제나 생각이 바뀌었다.
이런 나를
어찌할꼬.

결국, 내가 데리고 다니는 나를
나는 알 수가 없다.

생각이 많아서

찬 기운이 감도는 계절이 오면
괜스레
생각이 많아집니다.
오갈 데 없는 생각이
옹기종기 모여
소곤거립니다.

갈 곳 잃은 생각은
주위를 서성거리다
사그라들고

사려 깊은 생각은
꼬리에 꼬리를 물다,
지쳐
생각 꼬리가 얇아지고

번잡한 생각은
생각이 생각을 삼켜
앞뒤가 뒤엉켜
응어리만 남아 있습니다.

멍하니,

하늘 가를 바라보면
생각들이
날아가고

남은 건
벗겨진 마음 덩어리
팽이가 동 서듯
고요해집니다.

생각이 많아지는 계절이 오면
버릇처럼
하늘을 봅니다.

마음이 하늘이 되고
하늘이 마음이 되어
가없는 공간을
아주 천천히
걸어갑니다.

은퇴隱退 그 후

사회가 정한 나이
이제 쉬란다.

영육이 멀쩡하고
손발 또한 이상 없는데
이제 쉬란다.

그래, 나에게는
그동안 구축해 둔
내 영원한 안식처, 집이 있으니
걱정은 무슨.

싸 들고 온 짐, 집에 들이니
이곳 분위기 또한 이상해
쥐구멍인 양, 내 몸 들락거려야
영원한 안식처란 걸
뒤늦게 깨달았으니

삼식이 눈칫밥
절벽처럼 다가선 급변에
마음 편해 볼 양으로
집을 나선다. 이른 아침에

산과 들 그리고 바다
낚시, 등산, 운동, 출사出寫
맛나고 달던 세상의 오락
온종일 본업이 되니
진한 설탕물 들이켠 것처럼
질려 보기도 싫다.

이곳저곳 둘러보아도
내 마음 둘 곳 없어
공원 벤치에 앉아 하늘을 보니
멋대로 뭉쳐진 구름
웃으며 하는 말

"그래도, 아내 품이지,
어서 집으로 가시구려" 한다.

인생

어느 고을
구름과 비가 만나
세상이 열리고
세월이 파고들었다.

엄마 젖을 입술에 적시고
아빠 손의 온기를 가슴에 담고
형제자매의 정에 의지해
꿈을 키웠다.

꿈은 희망으로 이어지고
희망은 커서
현재가 되었다.
현재는 과거를 낳았고
미래로 이어져
시간을 키우니
또 다른 기대와 희망이 되었다.

하늘이 준 인연으로
내 곁에는
나 아닌 또 다른 내가
가슴과 손끝으로 왔다.

그 후
영원으로부터 온
또 다른 인연은
내리사랑이 되었다.

위로는 내 아버지와 어머니의 자식이요
옆으로는 남편이요
아래로는 그들의 아비로
가정을 이루었다.

그 후
내 몸과 마음에
달싹 붙은 책임감
어느새
캡틴 모자를 깊게 눌러 썼다.

나이 늘어날수록
욕심 살이 붙고
영욕이 눈을 가리고
쌓인 걱정에
발길이 무거워졌다.

아이들은 꿈을 키우고
그들의 생각 주머니가 커진 만큼
잔주름은 늘었고
내 손가락 마디마디가 굽고
등 역시 굽었다.

내 인생 가장 끝에 마련된
자연으로 돌아갈 시간이 오면
인연의 끈을 놓으리라.

자전거 산책

나는
안단테 지시받은 건반 위 손가락처럼
걸어가듯 천천히 라이딩한다.
스치는 풍경에 자극받은 감정
마음에 넘기니 온갖 이야기를 만든다.

즐거운 이야기
슬픈 이야기
가슴 아픈 이야기
그리고 잠겨있던 기억이 튄다.

짓눌린 페달 위 핏발선 젊은 건각들
번개처럼 나를 추월한다.
젊은 내가 그랬던 것처럼

젊어서는
남보다 앞서가는 것만이 가치가 있고
내가 살 길이고 성공이라고 생각했다.

나이 드니
추월을 허락할 수 있는 넉넉한 마음이
더 소중함을 알게 되었다.

나를 앞선 이들을 의식하지 않으니
비로소 내가 나를 볼 수 있으니.

남의 시선을 떼어내고
내 마음만을 들여다보니
내 생각이 보이기 시작하였다.

경쟁하지 않고
부러워하지 않고
조급하지 않으니
작은 만족과 행복을 느낀다.

아무것도 섞이지 않은 나의 내면
젊어 느끼지 못한 희열이 있어라.

잠시나마
나와 대화하니
가을 하늘이 참 곱구나

자전거 산책하는 날은
참 나를 만나는 날이다.

젊은 내가 찾아와 묻기에 답하다

홍제천 변을 걷고 있는데
젊은 내가 찾아와 대화를 청했다.

잘 지내시죠!

그렇소만, 나에게 볼일 있소.

몇 가지 물어볼 말이 있어서.

물어보시오.

젊었을 때와 나이 들었을 때와는 무슨 차이가 있는지요.

글쎄, 나이 들어보니

젊을 땐 거부하는 것이 많았고
나이 드니 받아들이는 것이 많아지더군.

젊을 땐 창의적인 것을 원하지만
나이 드니 지속을 원해.

젊음은 가고 옴이 다르게 느껴졌는데

늙으니, 가고 옴이 같다는 생각이 들어.

왠지 모르지만
나이가 들어갈수록 세월 가는 속도가 점점 빨라져.
추측건대, 기억력이 약해지니, 세세한 기억이 사라져서
그런 것이 아닌가 나름대로 생각하고 있어.

삶의 과정에서, 사람은 왜 늙는지 느낀 바가 있는지요.

알 수 없어
신만이 아는 영역이 아닐까!

과거, 대학 시절에 교양과목으로 신학 개론을
이수한 적이 있었는데
교수님이 이런 말을 하더라고

신은 인간을 포함해서 우주를 시간 속에서 만들었다는
거야.
그래서 인간은 시간을 뛰어넘을 수가 없다는 거지.
그러다 보니
과거, 현재 그리고 미래가 있고
그로 인해

생로병사가 있고 시작과 끝이 있다고 하더군.
그러니
인생에는 젊음과 늙음이 있지.
결국 끝을 보는 삶인 거야.

그럼 신은 뭔지요.

신은 시간을 초월한 무엇이라고 말씀하시더군.
그래서
과거, 현재 그리고 미래가 동시에 존재한다나
그래서
가고 옴이 없고 시작과 끝이 없어
그러니
생로병사가 있을 수가 있나.
다른 말로 영원히 존재하는 거지.
그래서
시간 속에 있으면 인간이고,
시간을 초월하면 신인 거야.

시간을 뛰어넘을 수 없으면 순응하는 거지.
결국, 자연으로 돌아간다는 말이지.

그럼, 어떻게 살아야 하나요.

글쎄
내 몸은 잠깐 쉬었다 가는 낡아가는 쉼터야.
젊음이 머물다 가고
중년도 머물다 가고
지금은 어느 어르신이 머물고 있어
그분도 언젠가는 가시겠지.

이런 이유로
멋진 쉼터에서 살면 되지 않을까.

걷다 보니
벌써
한강이 보이는군.

우리도 헤어질 때가 왔군.

젊은이!

살다 보니,

"바람은 방향을 고집하지 않는다." 라는 사실을 알게 되었지.

나중에 다시 봄세.

홀로 걷는 길

함께 사는 세상인 줄 알았다.
가족이 있고
친척이 있고
이웃이 있으며
직장 동료가 있으니

더불어 사는 세상인 줄 알았다.
국가가 있고
사회가 있고
제도와 법이 있으니
나 아닌 나와 나처럼 살라고

항상 나와 함께하는 줄 알았다.
나에겐
아내가 있고
딸들이 있고
사위가 있으며
부모와 형제가 있으니

어느 날
외로움을 느꼈다.
모든 것이 나와 더불어 있다는 것이

착각이고
내 생각뿐이라는 것을

이제야 깨달았다.
그들은 그들의 길을 가고
나 역시 나의 길을 홀로 가고 있다는 것을

영원히 함께할 것 같던 이들
의견이 다르니 멀어졌고
사정이 생기니 떠났고
나이 드니 생사로 다른 세상 사람이 되고
내 가슴엔 아린 감정만 남아 있음을

바람일 듯 생긴 감정
가볍기가 깃털 같고
숙주나물 쉬듯
변하기 일쑤로다.
내 감정 추스르기도 어렵거늘
남의 감정이야 말해 무엇 해

내 감정 부여잡고
홀로 걷는 외로운 길

외로운 인생길
바람골 따라 홀로 가는 길
난, 오늘도 내 길을 홀로 걷고 있구나.

5부
계절이 흐르는 길목에 서서

계절은 지루할 수 있는 삶에
색다른 색깔을 입혀

향기 잃은 생각에
새로운 정수를 부어
생기를 불어넣는다.

모과 향 짙은 달밤(문학고을 Vol 6 2021. 겨울, 당선작)

북악산
산마루에 달이 걸렸다.
잔을 들고 소파에 앉으니
잔에 달이 담긴다.
잔 안, 노른자위
물결 따라
폈다 오그라든다.

달 품은 잔
기우려
한 모금 적시니
쭈그러진 달
목줄을 넘는다.

방충망에 걸린 달빛
내 몸 적시고
달빛에 흥분한
고양이 무리
아기 울음소리 내며
달그림자 속으로
사그라든다.

모과 향 은은한 밤
향 바른 바람
모과 꼭지 자극하니
농익은 모과
바닥에 뒹굴며
쿵 소리
허공에 펼친다.

소리에 놀란
누렁이
목청 높여 내지른 소리
달빛 타고
허공을 떠돈다.

달빛 젖은 인왕산
오늘만 젖었을까!
억년 세월
달빛에 깎이고 깎여
드러난 바위
오늘따라
서럽도록 빛이 난다.

긴 세월
무수히 맞이하던 달
오늘따라
내 마음 꼭지 끝에 매달려
생각을 키우는구나.

세월 따라
들고 남이
당연한 이치거늘
어려 만난 달
늙은 몸 곁
떠나지 않은 이
너뿐이로다.

5월의 끝날에 서서

5월, 너는
어린이 어버이 스승 그리고 가정을
넉넉한 가슴으로
꼭 껴안았다.

입하立夏* 무렵
이팝나무는
쑥 범벅 시루떡 동네잔치로
풍년을 기원하고

햇살 더욱 풍성한
소만小滿**이 손짓하면
더욱 짙어진 장미 향은
바람에 실려
골목길을 채운다.

5월은
멋진 패랭이 모자를 쓰고
장미꽃을 머리에 꽂고
괴불주머니 핸드백을 들고

---

*   입하: 7번째 절기(여름이 다가온 것을 알리는 절기)
**   소만: 8번째 절기(햇볕이 풍부하여 식물의 성장이 성해짐을 알리는 절기)

매발톱꽃 구두를 신은
초록빛 여인네가
함박웃음을 머금고
모란꽃을 바라보는
여인의 계절이 아니더냐.

화사했던 5월의 끝날에 서서
너의 뒷모습을 바라보니
너와의 이별이 아쉬워
끝내
고개를 돌리고 말았다.

가을 풍경

가을바람 휘도는 야산 허리엔
으악새, 수염 쓰다듬으며
헛기침하고
푸른 하늘 저편
흰 구름 조각 여백을 채운다.

장독대 둘러친 울타리 곁
노란, 빨강, 갈잎 뒹굴고
마을로 파고드는 시골길 따라
노란 감국, 산국이 해맑게 웃는다.
향 짙은 흰 구절초, 연보랏빛 쑥부쟁이
가을볕 온기에 졸음 못 이겨 흔들거린다.

고개 곧추세워 거만했던 벼, 고개 숙인 들녘엔
새 쫓는 허수아비 몸짓 바쁘다.

별빛 쏟아지는 가을밤
끈 달린 유성 하늘 끝에서 태어나
서녘 끝으로 사라지고
뒤에 물러서 있는 뭇별들
눈만 끔뻑거리는 밤
들녘을 내지르는

풀 향 담은 바람
사는 이의 가슴에 향을 채운다.

가을이 빠져나간 뒤뜰에는
쌓인 낙엽만큼 그리움이 가득하구나.

가을이 떠난 자리에는

거리에 낙엽이 쌓이면
가을은 깊고
이별은 가깝다.

가을이 머문 들녘엔
낮에 베인 벼가 눕고
이불처럼 찬 서리가 덮인다.

감나무 가지 끝에 앉은 까치
마지막 홍시를 쪼니
감나무
빈 곡간 되어
내년 가을을 핑계로
허공을 채운다.

가을 떠날 마지막 저녁
노을은
외로운 촛불을 켜고
아쉬운 이별을 알린다.

가을, 떠날 채비에
가슴 저려

안녕이란 말조차
차마 하지 못하였다.

늦가을 들녘
인적이 끊기고
허허로운 바람만이 오가는
빈터

멀리 선 미루나무 끝
마지막 잎새
삭풍에 날며

비움의 의미를 알린다.

귀뚜라미 소리

여름에 우는 귀뚜라미 소리는
가을을 재촉하는 노래

더위 멈춘 처서에 우는 소리는
어린 나의 추억을 소환하는 노래

외할머니댁 장독대
숨어 놀던 귀뚜라미
돌을 들추면 장독 뒤로 뛰어 숨는다.

가을이 하늘을 넘나들고
어둠이 하늘을 집어삼키면
무대가 마련되었음을 알고
멋들어진 날개 현악기
가슴에 대고 하늘 향한 연주로
가을을 사방으로 흩뿌린다.

노래 속에는
정 많던 아버님
고향에 홀로 계신 어머님
소식 끊인 그리운 친구 얼굴
기적소리에 잠 못 이루던 어린 내가 그곳에 있다.

실솔蟋蟀의 날개깃이
헤지고 뜯겨 연주가 멈추는 그 날
가을도 깊어 흐물거린다.

귀뚜라미 소리가 처연할수록
가을은 더욱더 깊고 춥다.

낙엽 진 가을마당

바람에 시달린 나뭇잎
여름 품고 땅에 누웠다.

풀 향 짙은 이슬
땅속으로 스미니
가을이 마당에 흥건하다.

잠 못 이루는
가을 타는 사내
새벽, 빗질로 모은 낙엽
구박하며
자루에 처박는다.

핏발 솟은 팔뚝
구석 끼인 낙엽
힘주어 빗질하다 가을이 긁혀
벗겨지고 말았다.

노을 짙은 가을 하늘
고추잠자리 은빛 날개
투영된 빛 장독에 붙으니
누런 노을빛이 흘러내린다.

노을 진 해변 길

바다를 옆에 끼고 홀로 걷는 해변 길

길 끝에 머문 저편 하늘은
붉은 물감을 칠하고 있다.

해변 너머 모여 있는 건물들
웅성거리다 손에 쥔 손전등을
하나둘씩 흔들기 시작하였다.

상모놀이 꾼 등대, 머리 세우더니
어둠에 침몰 중인 바다를 향해
머리에 이고 있던 횃불을
휘감아 돌리기 시작한다.

해변 길을 따라 행군 중인 가로등 무리
가는 길이 어두워 화가 났는지
들고 있던 쌍심지에 불을 붙였다.

암흑 속으로 사라져 가는 바다 옆
불빛 짙게 바른 해변 길 끄트머리
어둠 속 깊숙이 뿌리처럼 뻗어있구나.

날개 끝에 창공 휘감고 놀던 갈매기
어둠에 묻혀 사라진 모래밭에 눕고
두 눈 부라린 표정 없는 차들만
해변 길 따라 달리는 어두운 저녁

암흑에 빠져 허우적대는 건물들
웅성거림마저 사라지고
어둠 향해 애꿎은 빛 펀치만 날리니
음산한 불빛만 허공으로 휘날린다.

노을이 곰삭아 사그라든 해변 길
자동차 행렬이 잠잠해지니
이제 휴식을 취하려는가 보다.

밤하늘에 별 하나 반짝이고 있다.

달과 조개구름

조개구름 마을에
마실 나온 달
뒷짐 지고 하늘길을 걷는다.

달빛에 젖은 조개구름
징검다리 삼아 사르디디며
밤하늘을 걷는다.

잘 가던 달
창문 방충망에 걸리니
오고 가지도 못하고
사색이 되니 얼굴빛이 노랗다.

미안한 마음에
창문 열고
방충망을 걷으니

청량한 바람
은은한 달빛 물결로
창문이 흠뻑 젖었다.

미소 띤 달님

고맙다 인사하며
다시 하늘길을 걷는다.

멀리 홀로 반짝이는 별 하나
잘했다고 윙크하니

밤이 참 달구나.

달빛

별 없는 밤
외로운 허공에
달은 스스로
노란색 애드벌룬이 되었다.

뜻 없이
쏜 달빛
깊은 산
옹달샘 속에
빛 화살이 꽂히고

벌레 먹은 나뭇잎
바람에 떨어져
옹달샘 물 낯바닥을 흔드니
달빛
춤을 추느니.

억년 세월 견뎌 온
괴암怪巖에 선
등 굽은 늙은 소나무

안간힘을 다해

바위 잡아
몸 지탱한 뿌리

구부러진 마디마디
튀어나온 굳은살
달빛만이
위로하누나

밤 깊어
박쥐마저
잠든 밤
하늘길
중천로 따라
홀로 걷는 너
내 모습
향기롭구나.

서산마루에 이르니
먼동이 붉어지고
복스럽던
노란 얼굴빛
여독旅毒에

소월素月 되어
고갯마루를 넘는다.

밤하늘과 별

달 없는 가을밤 하늘
산들바람 하늘 달리고
들녘 넘어 숲속 귀뚜라미
날개 비벼 이슬 만든다.

내 마음은
어느 어린 시절
깊숙한 기억 속을 파고드니
난
야심한 어느 날 밤
들녘에 깔린 돗자리에 누워있다.

하늘은 호수가 되고
호수 안에는
은빛, 금빛, 붉은 별이
한가득 채워져 있다.

돗자리를 박차고
호수에 내 몸 던지니
별이 친구 되어
내 곁에 앉았다.

첨벙!
넘쳐흐른 호숫물 떨어져
이슬 되어 잎새에 붙으니
바람에 파르르 떠는 풀잎
이슬, 땅에 떨어트릴까 조심스러워한다.

야심한 밤
별빛 뒹굴고
시간 흘러
하늘 천장이 환해지니
별, 빛 잃을까 두려워한다.

어린 나는
하늘 호수 벗어나
돗자리에 다시 누웠다.

새벽닭 소리
밤공기를 흔드니
돗자리에는 이슬이 흠뻑 젖었다.

부지런한 해님
먼동에서 머리 올리니

빛바랜 별님 힘들어한다.

아쉬움 뒤로 하고
별과 헤어지며
달 없는 밤에
다시 만날 훗날을 기약한다.

봄비

오늘도 비가 온다.
온종일 비가 온다.
겨울을 닦아내는 비
많지도 적지도 않은 비
목련 꽃봉오리 끝에 구슬처럼 맺힌 비
전깃줄 타고 미끄러져 흐른다.

먼데 서 있는 산
구름이 오가는 봉우리에
회색 구름, 비구름 머물러 있다.
비 내리는 잿빛 하늘엔
이름 모를 새가 배회할 뿐이다.

처마 끝에 막다른 빗물
마지 못해 땅을 향하고
고인 물에 떨어진 빗방울
뜻 없이 원을 그린다.

2월의 끝에 매달린 단어
코로나바이러스
마음 꼭지에
매여

떨어질 줄 모른다.

봄비에 녹아 촉촉해진 마음으로
모든 근심 걱정
크게 품으리.

봄은 내 곁에 이렇게 왔다

겨우내 꽃잎 비벼, 언 땅 녹인 복수초
땅속 깊이 숨은 봄 캐어, 밖으로 퍼 올리니
봄기운 가득 담긴 우수, 천지로 넘쳐흐른다.

땅속 깊이 스며든 봄물
잠자는 개구리 침대를 적시니
놀라 깬 개구리눈에 봄이 고인다.

개울 얼음 숨구멍에 붕어 입 쳐들고
빼꼼 입김 하늘로 올리니
버들강아지 솜털에 김이 서린다.

물총새 꼬리에 붙어, 파르르 떠는 봄
봄은 이렇게 만물을 깨우고 있다.

봄기운에 흥분한 산수유, 생강나무
앞서거니 뒤서거니 꽃을 피우고
봄 씹은 진달래꽃 볼이 붉어라.

산바람, 강바람, 바닷바람
흥 업고 이리 뛰고 저리 뛰니
개나리, 영춘화 얼떨결에

노랗게 언덕을 칠하고 있으니

엄마 손에 봄동처럼 버무려진 봄
참기름 깨소금 고소한 봄 향
울 넘어 산야로 향기 퍼진다.

나도 모르는 사이
얇은 옷차림에
홍제천을 걷고 있으니

봄은 내 곁에 이렇게 왔다.

부암동 산길(문학고을 Vol 6 2021. 겨울, 당선작)

세월 녹아 푸른 하늘
힘껏 던져
천정에 걸고
천년 조각 북한산
병풍처럼 두르니

정겨운 바위
꼬불 소나무
낙엽 진 참나무
곁에 와 앉는다.

세월 묻어 운치 더한 절 추녀 밑
낡은 풍경風磬
바람에 놀란 흔들림
땡그랑 소리 내어
풍경 목구멍을 넘는다.

장난기 가득한 휘휘 바람은
오름 길에
발 무거운 나그네
목줄 따라 구르는
땀방울을 식히고,

구겨진 풍경 흔들어
딸랑딸랑 원앙 소리 내니
나그네 발걸음을 재촉한다.

부암동 산비탈 고갯마루에
그어진 꼬불 산길은
예나 지나
사는 이의 일상을 잇고 있다.

북악산北岳山

키 342m
체구는 작지만
단단한 근육질 화강암 돌산
한양 북쪽 악산岳山이라 북악산이지

핏줄 같은 서울 한양도성
몸에 휘감고
동쪽에는 인적 드문 숙정문
서쪽에는 창의문을 품고 있는 너

불같은 너의 성정性情으로
광화문 해태
숭례문 밖 남지南池 못을 파
너를 달랬더구나.

나라 살림 도맡을
청와대가
네 몸 앞에 들어서더니

북의 무장 공비 남파 사태로
등산이 금지되고
제한되어

친구조차 만나지 못한 애환의 세월

2022년 5월 10일
대통령 직무실 용산 이전으로
그 한이 풀리었구나.
네 몸 오르내리는 등산객 친구
원 없이 만나고 즐기려무나.

수 세월 수만은 사건으로
가슴앓이 속 쓰림 소화불량으로
소화제 안정제 털어먹던 너

그래도 넌
뭐라 해도
경복궁과 청와대 품은 주산이 아니었더냐

북악아!
주군 떠남을 서운타 말아라.
너를 바라보는 내가 있으니

내게 너는
경복궁 청와대 뒷산

우리 집 앞산
해와 달이 뜨고
희망 주는 산이 아니냐.

아침에는 해를 낳고
밤에는 달 띄우는 놀이
예전 모습 그대로
나와 놀면 어떠하겠니.

비우고 채우는 숲펜션

봉평 거품소길 고즈넉한 펜션
아내 초등학교 친구가 사는 곳
가을 훔쳐 먹은 사과 민망해 볼이 붉은 곳

둘러친 산그릇에 깊게 담긴 안개
해님, 손을 저어 엷어진 안개 틈으로
햇살 내려 이곳에 아침을 차려 놓는다.

부드러운 융단 같은 저녁이 들면
가느다란 전등 빛 창문을 넘으니
정겨움 가득 품은 고요가 흐른다.

밤 깊어 어둠이 더욱 짙어지면
별 보석 촘촘히 박힌 밤하늘 저편
노란 조각달 구름 밀어 산등성을 넘는다.

옛 친구 다시 만남 정겨운 눈빛
가슴으로 차오르는 작은 행복감
오가는 담소가 참 달구나.

세상사 모두 비우고 이곳에 들면

예나 지나 격의 없는 친구의 우정
산짐승 목 축이는 계곡물 흐르는 소리
달빛에 길게 누운 사과나무 그림자
미소 띤 소박한 뭇별 밤하늘 채우는

자연 짙어진 정 많은 친구가 사는 숲펜션

상수리나무 밑에서

가을이 내려앉은 산등성
상수리나무 밑

살랑이는 가을바람
목 떨린 상수리 열매
툭툭 떨어지는 소리 박자도 없다.

모자 벗은 암팡진 상수리 녀석들
내 곁, 달싹 붙어 앉아 인사를 하니
줍고 싶은 손의 유혹
이성이 나를 말린다.

상수리 묵 연명 처지, 나 아니거늘
농사 능력 없는 뭇짐승들의 겨울 양식
내 어찌 탐한단 말이냐.

바람아 더욱더 세게 불어라
상수리나무 열매 보시布施
배 나온 다람쥐 겨울

상수리나무 밑에는
가을이 차려 놓은 풍요가 있구나.

새벽 겨울비

겨울 속
비 오는 소리
샤 소리 중간중간 두 두둑, 뚝뚝
드럼 담당 지붕
두 두둑 뚝뚝 두 두둑 뚝뚝
찬기 머금은 비가 온다.

유리창 벽 따라 눈물처럼 흐르고
창 너머 단풍잎 내리쳐
새벽 공기 흔든다.

깡마른 가로등 빛
빗줄기에 흔들리고,
자하문 터널로 이어진 도로
새벽 가르며 달리는 자동차 후미등 빛이
빗줄기에 흐느적거린다.

겨울 속 비가 온다.

잠 짧은 늙은이의 눈에 담긴 새벽 겨울비
살아 온 날에 대한 감회
살아 온 날에 대한 감사

여생에 대한 막연한 염려
늙은이의 눈가에 물이 맺힌다.
겨울비가 하염없이 내리고 또 내린다.

두 두둑 뚝뚝, 두 두둑 뚝뚝

새벽 바다

새벽 동이 트는
어슴푸레한 바다 위, 통통 배 하나
파도에 꿀렁이며
방파제 문을 나선다.

갈매기 갈지자춤을 추며
끼룩 소리 하늘 끝에 머문
물결 잔잔한 외진 바다에
닻을 내린다.

정성껏 다듬었던 어망
바다 향해 힘껏 내 던지고
손끝으로 전해지는 손맛
곤두세워
바닷속을 읽는다.

고기 가득한 그물이기를
행복한 만선 귀항이기를
수고의 끝이 달콤하기를
소박한 소원을 내 질러본다.

어부는

오늘도 내일도
비릿한 새벽 바다를 가르며
세월을
고기를 낚는다.

젊어 시작한 어부 생활
늙은 어부 손에 잡힌
그물을 던진다.
인생을 던진다.

해풍 맞선 주름진 얼굴
굳은살 밴 손마디
목청 높인 노동요 소리에
몸 맡기고 인생 맡긴
숨어 웃고 우는
어부들의 부지런함이

바다 전설을 이어가고 있다.

솔향 가득한 정릉을 찾으니

청수장을 지나,
아파트 숲을 헤치고
가파른 길 끝 정릉 입구에 서니
향 짙은 솔향 코에 닿는다.

북악산 자락 끝을 물고 선 정릉
태조의 계비 신덕왕후 능이 있는 곳
북악스카이웨이 경계 담 사이에 두고
현대와 구시대가 따로 흐른다.

솔향 가득한 묘 주변
아파트로 잠식돼 가니
둘러친 울의 수고 덕에
힘겹게 묘역을 지키고 있다.

태종 이방원의 미움으로
정동에 있던 정릉貞陵
현 정릉으로 옮겨지고
병풍석 12 신상神像 석물
청계천 광통교 돌다리에 거꾸로 처박혀
아직도 그곳에 있으니

겨울 아침, 찬 공기 가르는
딱따구리 나무 쪼는 소리
왕후의 아픔을 쪼아 후비는 듯
고즈넉한 정릉을 휘감는 메아리

산책로 의자에 앉아
하늘을 보니
푸른 솔잎 하늘거리고
눈 녹아떨어지는 물방울
신덕왕후의 눈물인지
세월 세는 자격루自擊漏인지
하염없이 방울 거릴 뿐

시절 인연

열기로 가득했던
여름도 한풀 꺾여
가을 기운이 슬쩍 끼어 들였다.

영원히 여름만 있을 것 같던 나날에
여름, 등 밀은 가을이
덥석 손을 잡는다.

지난 내 삶은
기러기가 계절 따라 오가듯
시절 따라온 인연으로 채워진 삶이다.

긴 호흡으로 보면
내 옆에 있던 모든 것은
없었던 것이
내 곁에 왔고
어느 날
온 것처럼 떠난다.

영원토록 함께할 것처럼
내 곁에 온, 가을
너 또한 나그네로다.

모든 것은 스쳐 지나간다.
삶은 시절 인연의 나열일 뿐이다.

연록과 진초록이 어우러졌네

빗방울 하늘하늘
봄비 가랑가랑
창에 방울방울

송악 가루 얼룩진 단풍나무
빗물 샤워 촉촉 속살
연록과 진초록
춘 하 섞인 조화로구나

어제는 봄날
오늘은 초여름
서너 번 반복 뒤에는
봄은 가고
여름이 세상을 덮는다.

이른 봄
어린잎 돌보고

초여름
잎사귀 키우니
초록 범벅 산야 좋기도 해라

온기溫氣에 풀린 근육
들과 산을 거닐고
기대와 희망, 바다 넘어
하늘 거닐다 받은
초록과 진초록에 담긴 화두話頭

어울림
조화調和
어우러진 세상

봄 내음 단내 범벅 연초록 산야
너의 의미는
어울림이다.

연초록 세상

희망의 계절 5월
푸른 하늘
초록색 나무를 바라보다
난 어느새
멋진 사진 속 나그네

짚신 등에 울러 메고
연초록 오솔길
사진 속을 걷는다.

콧등 넘는 바람
봄 향 맞으라 하고
눈썹 흔든 바람
들녘 보라 한다.

젊어 걷지 못한 봄 길
나이 들어
여유 업고 걸으니
세상 참 아름답구나.

비록
몸은 낡았어도

마음마저 낡았을까.
아직, 봄 알아보는
감각 살아 있으니
행복하구나.

초록 어린잎
손에 얹고
코 바짝 대고
향 맞으니
나도 봄 되어
들판을 달린다.

늙은 몸
사진 속 들녘에
주저앉히고
늙은이 마음만
초록 들녘 달리니
세상
참 향기롭구나.

인왕산을 오르며

불법佛法을 수호하는 금강신을 뜻하는
불가의 이름 인왕산仁王山

태조 이성계는
경복궁을 중심으로
북악산을 주산으로
인왕산을 우백호로 삼았다지

그 옛날
비 온 후의 인왕산이
얼마나 아름다웠으면
겸재 정선은 인왕제색도를 그렸을까!

이항복의 집터 필운대
기린교가 있는 수성동 계곡
활터 황학정
인왕산 끝자락을 밟고 있는 윤동주 문학관
돌계단을 끼고돌면
"죽는 날까지 하늘을 우르러
한점 부끄럼이 없기를,"로 시작하는
윤동주의 서시가 새겨진 시비가 있는
"시인의 언덕"이 발걸음을 멈추게 한다.

서울 성곽을 따라 오르면
인왕산 정상에 이르는데
멀리
남산 타워, 롯데 타워가 보이고
아래에는
경복궁, 광화문 거리가 펼쳐져 있고
인왕산 발아래
단군성전과 사직공원이 있으며
한글 창제 세종대왕이 태어난 세종마을을 감싸고 있다.

김동인의 단편소설 광화사의 무대가 된 인왕산
김기덕 감독의 대 괴수 용가리가 인왕산에서 산다는데

"인왕산 모르는 호랑이가 있나"란 속담을 가진 그 유명한 인왕산 호랑이는 어디로 갔나.

조선 당대 대금의 명인 정약대는
매일 인왕산에 올라
대금을 불었는데
한 곡조가 끝나면 나막신에 모래 한 알 넣고
나막신에 모래가 가득 차면 돌아갔다 하니

애끊는 명인의 대금 소리가
인왕산 어디쯤을 지나고 있겠지.

태조 이성계의 서울 천도 이후
인왕산은
우리나라의 도도한 역사의 흐름을
묵묵히 바라보며
때론 미소를
때론 눈물을 흘렸으리라.

인왕산을 올라
서울 시내를 내려다보니
저 멀리 청와대가 보인다.

북한 간첩 사건 이후
인왕산이 통제되다 개방되어
등산이 자유로워지더니
이제
청와대를
시민에게 돌려준다는
말이 오가는
이 시점에

인왕산은
또
무슨 생각을 할까?

"영원한 것은 없다."라는 생각을 하며
그의 마음을 달래고
지금껏 해왔던 것처럼
또다시
바라볼 것이다.

비 오는 날
인왕산의 거대한 바위 표면에
빗물이 흐르는 것처럼
내 뺨을 타고 흐르는
주책없는 눈물은
명인의 대금 소리처럼
끊길 듯 이어지는
한민족의
고단함 때문일까!

저녁은

깡마른 막대기 위 가로등 갓
벌레시체 덕지덕지 묻고

가로등에 의지한 거미줄에는
파리 뭉치 걸렸는데
어슴푸레한 하늘 언저리로부터
저녁 기운이 스멀거린다.

스스로 켜진
가로등 빛다발
아직 낮 기운이 남아 있는
공간 속으로
힘없이 흩어지니
헤지고 남루하구나.

하루 끝에 걸린 해님은
서산마루에 이르러
상기된 얼굴 어루만지니
파란 하늘 붉게 물이 드느니

전깃줄에 매달린 까치
보금자리 대문 밀치며

깍~ 깍~
하루살이를 정리한다.

가로등 불빛에 젖은 내 마음
내 몸 소파에 앉혀 어루만지며
수고했다.
미안하다.
그리고 고맙다.
위로한다.

몸 뉘고
저만치 걸어가는 내 생각 붙들고
말을 건넨다.

밤이 깊어가니
쉬거라. 그리고 자거라.
저녁은
내일 아침을 새롭게 맞이하기 위해
있는 것이니

마음도 몸도
모두

어둠에 깊이깊이 묻고
대가 없이 주어지는
고마운 내일을
신선하게 맞이하거라.

해와 갈매기의 하루

잿빛 사이로 내민 덩어리
갈매기 날갯짓에 붉어지고
붉음에 붉음을 더하니
해가 되었네

갈매기
날갯짓에
세상
아침이 되었다.

빛다발 곱게 빗은
고운 해님은
하늘의
깜장 천 벗겨
푸른 빛 뽑아 올린다.

하늘과 바다 사이
비좁은 공간
부지런한 갈매기
오르내리며
푸른 하늘 쪽물
날개에 묻혀

바다에 휘저으니
너도 푸름이로다.

갈매기 날개 끝에
묻은 흰 물감
새털구름
뭉게구름 피어오른다.
늘어진 중천
나른한 시간
바닷물에 녹아
은빛 되어 눈이 부신다.

땔감 다해 빛바랜 덩어리
서산에 걸리고
정 많은 갈매기
날갯짓으로
알 불 살리려다
지쳐
해변 모래밭에 주저앉았다.

힘 다한 잿더미
산 밑으로

고개 숙이고
집 없는 모래 위 갈매기
날개 접고
밤 이불을 덮는다.

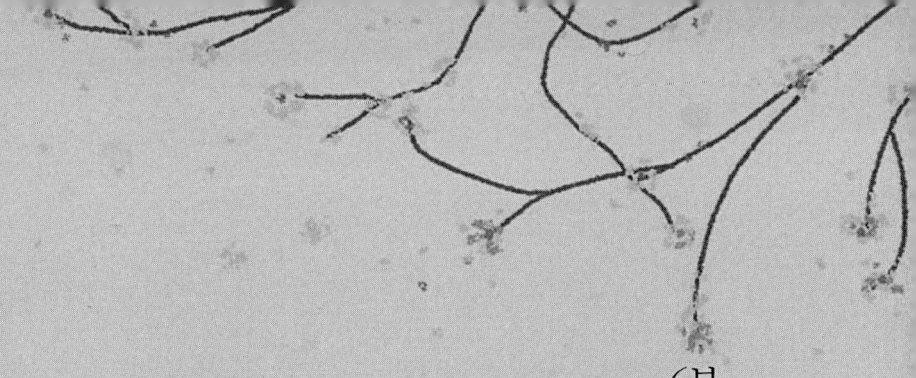

6부
마음 꽃 야생화

보는 이 없건만
저편 외진 곳에 홀로 피어
없는 듯 있는 그이기에

그의 숭고한 기품으로
내 마음 저편에 있는 꽃

구절초九節草 사랑

산사 바위틈, 소월素月 같은 꽃
산바람에 옅은 향 흩뿌리고
상큼한 미소 입술에 바르며
아침에게 인사를 한다.

무리 진 동료 떠나 홀로 핀 그대
유난히 마음 가는 건
고결한 어머님의 기품이 서려 있기에

연분홍 곤지 바른 앳된 얼굴
중양절重陽節 뙤약볕에
성숙한 순백의 여인이 되니
고결한 어머니 같은 순수 앞에
고개 숙인다.

샛별처럼 빛 나는 얼굴
벨벳보다 더 부드러운
그대 미소에
가을이 주저앉았다.

눈부시게 아름다운 그대 모습
향 짙은 서정, 산사에 흐르고

순결함이 경내를 휘어 감는다.

마디마디 아홉 층 올린 줄기 끝
한 잎 한 잎 정성 어린 한 송이 흰 꽃
신선神仙의 어머니 같은 우아함에
선모초仙母草라네

소슬바람에 고개 흔드니
꽃잎에 떨어진 달빛
팝콘 튀듯 사방으로 흩어지는 밤
아쉬운 이별을 고하고
내년을 기약하며 헤어지는 중

능소화凌霄花 연정

옛날 옛적 어느 궁궐
승은 입은 궁녀 소화少花가 있으니
임금의 무관심에 그리다 지쳐
죽은 묏자리에 핀 꽃
그 이름 능소화라네.

혹여나, 임 오실까 기약 없는 기다림
담 저편, 임 오는 길 바라보려
긴 세월 까치발에 걸린 몹쓸 병
비틀린 꼬인 몸 되고

그립고 보고픈 마음 깊어
담 잡고 힘준 손가락 마디마디
쇠스랑 고리 찬 손이 되었네

후궁 처소 이어진 길목
임 오는 소리 놓칠세라
마음 기울이고, 귀 기울이다
나발 귀가 웬 말인가.

임 계신 곳 보고픈 마음에
하늘 향해 담 타는 버릇 생겨

능소화라 불린다지.

석양빛에 별이 되던 날
흩어짐 없는 온전한 몸
땅에 던져 절개지키니
그대 고귀한 기품 기려
장원급제 사모紗帽에 꽂힌 어사화라.

즐거움 안고 걷는 동네 마실 길
담 기대어, 바라보는 그대 있어
반가움에 생각한다, 그대 전설
능소화 연정

달맞이꽃

서산 노을 짙게 둘러친 저녁
북한산 자락 탕춘대성* 둔덕길
나지막한 잡풀 더미 속
노란 마스크 쓴 꽃이 있으니

저녁 언덕 바람결에
가냘픈 허리 흔들며
홀로 춤을 추는
달님 향한 노란 점 하나

긴긴밤 쉴 곳 찾는 나비일까!
마실 나온 뭇 벌레일까!
호기심에
가까이 다가서니
순박한 소녀 같은 달맞이꽃이로다.

능청대며 쏟아지는 별빛 하늘
조막 디 복스러운 얼굴
유성 달리는 하늘 바라보는 너
작지만 크구나.

---

* 탕춘대성 : 탕춘대성은 인왕산 동북쪽에서 시작하여 북쪽의 능선을 따라 내려가다가 사천을 지나 북한산 서남쪽의 비봉 아래까지 연결하여 축성한 산성(위키 백과 사전 인용)

네 고향이 아메리카 칠레라는데
어찌 이국, 이역만리 타지에서
이 밤을 홀로 지새우는고

달 드리운 밤
향연香煙처럼 피어나는 달빛에
그리움 흩뿌리는 건
수구 지심首丘之心 까닭인고!

날개 같은 너의 꽃잎
하늘하늘 펴고 접어
달빛 타는 나비 되어
계수桂樹에 앉아 보렴
혹시 아니, 네 고향 보일런지!

널 보면
마음 한구석 무너져 내리는
속 쓰림이 있는 것은
두 해만 사는 너 이기 때문에!

민들레

푸른 하늘 보고파 피어난 꽃
넓은 하늘 그리워 땅에 바짝 더
노란 손 흔들어, "나 여기 있어." 한다.

봄 향 헤집는 노란 민들레 무리
사람 그리워 마을 길 서성거리는
동심 끌어안은 겨레의 민초民草
뿌리 깊어 밟혀도 죽지 않는 꽃

바깥 총포 곧게 세운 토종민들레
총포 감긴 서양민들레 천지가 되니
가끔 보이는 토종민들레, 마음 아파라.

스스로 몸 낮춰 핀 그대 겸손에
고개 숙여, 얼굴 맞대고 보니
순박한 해맑음에 가슴이 뭉클

낙하산 둘러멘 긴장한 씨앗
정처 없는 여행, 준비 바쁘니
자식과의 이별 앞에 가슴 아픈 꽃

개 구멍 바지 입고 놀던 그 시절
어린 나의 아련한 추억 품은 꽃
젊은 나를 만난 것 같은 마음의 꽃
그 이름 민들레라네.

배풍등 排風藤

성당 옆 돌담
작은 틈
실처럼 가냘픈 허리
곧추세운
햇살 안은 푸른 여인이어라.

부채로 살포시 가린
작고 하얀 얼굴
꽃잎, 뒤로 젖혀
환히 웃으니
넌, 천사로구나.

무더위 속 흰 얼굴
푸른 구슬로 환생하고
바람을 희롱하며
여름을 만지작거리는 너

피부 가득 애송이 털
아침마다
이슬 굴리고
빗겨 친 햇살에
물기 말린다.

동그란 푸른 얼굴
추양秋陽에 농익은 홍 구슬.
섬세함에
가슴 벅찬 떨림이 있으니

흰 눈 내린 담벼락에 기댄
홍紅진, 네 얼굴
한겨울 눈 속
홀로 붉고 예뻐
너의 별명이
설하홍雪下紅이라 하던가!

스치듯 만난 어느 가을 인연
수년을 참고 참다
너의 고혹蠱惑
"참을 수 없어"
꽃보다 아름다운 열매
너를 보며
한마디 내지른다.

벚꽃에서 배우다

길 따라 늘어선 벚나무
흐드러지게 꽃을 피웠다.

간밤에 내린 비
꽃잎 적시니
얹힌 무게에
쳐진 꽃잎
날 듯 말 듯
맥없이 떨어진다.

도로 경계석 밑
수북이 쌓인 꽃잎
봄 지난 흔적일 뿐

봄인양하여
서둘러 피었건만
온 듯 아닌 온 듯
스친 봄기운은
오간 데 없고
낙화만 가득하다.

아쉬운 마음에

떨어진 꽃잎
한 닢 한 닢
바라보니
구김살 한 곳 없는
해맑은 얼굴인데
어찌 벌써
낙화가 되었는고.

아!
젊다 자랑 말자
벚꽃인들
구김살 없는
낙화 처지를
생각조차 하였을까!

내 삶 어디쯤이
청춘이었을까
아무리 더듬어 보아도
아니온 듯
스쳐 지나간 세월이었구나.

떨어진 꽃잎 보며

살아온 삶의
흔적을 되짚어 본다.

아쉬워 말자
삶은 그런 거니까

꽃잎 한 장 입에 물고
아직도
품고 있는
잔향을 음미하며
가던 길을 걷는다.

복수초 일생(문학고을 제6선집 발표작)

엄동설한 오진 산골
설문雪門 열고 핀
노란 복수초福壽草

북풍 마실, 추운 밤
눈 이불 덮은 새우잠
구겨진 삭신 오금 저리니

아침 햇살 눈 위를 거닐면
하늘 담긴 눈 녹은 은구슬
오므린 꽃잎 위, 한 방울의 탄금彈琴

화들짝 놀란 꽃잎
하늘 향해 미소지며
아침을 꼭 껴안는다.

눈 녹은 복수초 언저리
하염없는 눈물방울
이슬처럼 떨어지니
눈물인지
눈물인지

싱그러운 행복을 위해
슬픈 전설 뒤로 감추고
눈 덮인 산언덕에
점점이 깔린 노란 징검다리
봄 오는 길마중 나온
복수초라네.

녹음 짙은 5월이 오면
포근함이 어색한 복수초
비로소 편한 휴면에 드는
설연화雪蓮花 일생

산수유山茱萸

겨우내 패딩 걸친 꽃봉오리
봄 묻은 입술, 입맞춤에
두툼한 외투 단추 풀어 헤쳐
노란 속 살 드러낸 그대

흙내음 오가는 양지바른 곳
햇살에 기대어 향수 뿌리니
콧구멍 커진 날벌레
암술 수술 은밀한 밀실 무단 침입에
하늘 문을 열어 주었네

땀방울 송송 솟는 사우나 열기 견딘
지난至難한 세월, 다부진 어미 마음
신맛, 단맛, 떫은맛 한 접시 담아
가지 끝에 잉태한 싱싱한 녹옥綠玉

가을볕에 덕인 그대
불멸의 사랑 꼭 쥔, 홍안紅顔의 여인
그대는 꿈 많던 내 누이 어린 모습

아랫목 온기 그리운 추운 겨울 속
흰 목도리 둘러맨 정결한 품격

그대는 설화雪花 리본 단 정렬의 여인

찻잔에 담긴 붉은 빛 잔의 기울임
혀끝 짜릿한 신맛 상큼 자극에
긴긴 겨울밤, 그대 마력에 끌리고 싶어.

야생화

송장 메뚜기 뛰어노는 들녘에 서니
머리 풀어 산발한 잡초만 가득
풀잎 잡아채는 바람, 정 없는 공간

돌 모퉁이에 숨어 핀 그대 만남
통성명 악수 이후
인사말 주고받는 말벗이 되니
내 주변 온통 야생화 천지로구나.

아침 햇살 우물거리는 양지꽃
수줍어, 이미 볼 붉은 진달래
노란 달빛 찍어 바른 달맞이꽃
들판은 언제 가든
반기는 야생화 천국

나비 닮아 벌노랑이꽃
물가에 핀 물봉선
겨울 이긴 인동초
장모 사랑 사위질빵
냄새난다, 누리장나무
향 짙은 구절초
향기 약한 쑥부쟁이

개성 가득 야생화
철 따라 장기 자랑
들판은 그들의 공연장
난 구경꾼

그대 이름 불러 주면
친구 왔다, 허리춤 추고
향기는 덤이로다.

보는 이 없어도
스스로 들녘에 사는 이쁜 꽃

유홍초留紅草

가냘픈 소녀 같은 꽃
바람에 흔들려
꽃잎에 묻어 있던 이슬
잎 위로 떨어지니
아침 햇살이 튕겨 흩뿌려진다.

밤하늘의 별처럼
붉은 미소 담은 얼굴
노란 꽃술 햇빛 바르니
상쾌한 아침이 반짝거린다.

바람에 꽃잎 파르르 떨면
꽃잎 주변 채운 공간
흔들려 찢어진 틈새로
아침 햇살이 담벼락에 붙는다.

그대 주변 머물며 노닐던 빛깔
꽃 대롱 속으로 빨려드니
공간이 휘어지고 구겨졌구나.

가는 허리 흔들어
청초 흩뿌리는 소녀 같은 꽃

그대 품은 공간
어찌 이리도 성스러운지.

아침 햇살에 해맑던 홍 소녀
해가 중천을 넘어서니
지쳐 오므린 얼굴
그 연약함에 가슴 아프다.

연약해서 아름다운 꽃
품어 위로해야 할 것 같은 꽃
여름 끝에 핀 너 이기에
가슴 더욱 저려 눈물이 난다.

가을 들녘에 선 엄마 된 그 소녀
모성애 듬뿍 담은 복주머니
낡은 가지에 매달아 놓고
무한 번성을 염원하는 꽃
그 이름 유홍초라네.

해설

기억 저편에 빛나는 그리움을 찾아서
― 박중신 시집 『마음 긁혀 아문 자리에 그리움이 피었다』

김신영(시인, 문학박사)

1. 들어가며

사람의 인생은 단연 나이가 들었을 때 그 의미를 완성한다고 하겠다. 박중신 시인이 써 내려간 시편들은 인생의 가치 있는 편린이다. 그는 인생을 성실하게 살아온 하나의 존재자로 이제 성찰하는 자리인 시인이 되어 있다. 시인은 과거와 현재와 미래를 접목하면서 인생의 의미를 반추한다. 그의 인생이 그려온 궤적과 가치를 조명하면서 그의 삶의 의미와 그리움이 무엇인지 다시 한번 생각해본다.

2. 사람마다 그리운 이름, 가족

시인 박중신이 그려내는 그리움은 가족을 떠나서는 생각할 수 없는 것들이다. 그는 그리움을 마음이 긁힌 자리로 규정하고 그 상처가 세월을 발라 아물어가는 것이라고 하였다. 사람마다 살아온 모습이 다르고 시간이 다르고 그림이 다르므로 그리움의 형태 또한, 사람마다 다를 것이다.

 그리운 것에 대한 논의에 빠지지 않는 것은 한용운 시인이다. 시인이자 독립운동가이자 학자인 그의 말을 빌리면 '님만 님이 아니라 그룬 것*은 다 님'이라고 말하고 있다. 한용운의 대승代僧적 사랑은 님의 의미가 얼마나 확장될 수 있는지 알려 준다.

 그리움은 혼자 이루어지지 않는 특성을 지니고 있다. 그것은 너와 나의 관계에서 비롯되며 이는 인류로 확장될 수 있다. 그리움은 또한 존재한다(being)는 의미로 세상에 있다는 것으로 시작이 된다. 즉 내가 있으므로 네가 있고 네가 있으므로 그리움이 생겨나는 것이다. 이처럼 그리움은 너와 나의 관계를 통해서 구성된 새로운 의미라 할 것이다. 이는 있다는 것, 없다는 것, 즉 존재存在와 부재不在의 의미를 통해 구현되며 나아가 '나-너'의 관계를 새롭게 규정한다고 하겠다.

   그리움은/생각이 촛농처럼 녹아
   늘어 붙은 자리에/세월이 내려앉아
   옹이 진 마음자리니

   마음 긁힌 자리에/생각 실로 한 땀 한 땀 기워
   세월 발라 아문 자국이/그리움 아닐까.

   그리움은/마음속 반딧불이 같은 설렘

---

* 그룬 것은 그리운 것을 뜻한다.

심장 핏물에 얽혀 돌고 돌다
몸속 어디쯤 멈춘 감정인 것을

거문고 타는 소리
끊긴 듯 이어지는 언저리에 도사린
끈적이는 울림의 끝자락
역시, 그리움이지

그리움은/초가을 귀뚜라미 울어대는 밤
외로움 이고 사는 노인네
밤새 한숨짓다 지쳐 잠들이지

외기러기 밤하늘을 예다
외로움에 내뱉은 울음소리
산골 타고 흐르는 메아리
이 또한, 그리움인걸

기억은 엷어지는데/그리움은
어찌 자꾸/깊어지는고.
　　　　　─「그리움이란」

　박중신 시인의 그리움은 세월이 옹이 진 것이며, 세월을 발라 아문 자국이며, 마음속 어딘가 멈추어 있는 감정이며, 울음의 끝자락이며, 노인네의 한숨에 들어있고 산골을 타고 흐르는 메아리다. 그는 위의 시에서 자신만의 그리움을 나열하면서 살아온 궤적을 섭렵한다. 살아가는 일이 그리움의 연속이며 그리움으로 깊어가는 것이라고 역설한다..

결국, 박중신 시인의 그리움은 세월과 함께 이어져 온 존재자로서의 아픔이 배어난 것이라 하겠다. 이는 살아(be)있는 것이며 존재하는 것이다. 삶을 가치 있게 산다는 것의 의미를 더하면서 그가 시인의 길에 들어선 까닭이기도 하다.

다시 말해서 그리움은 상대방을 발견하는 일이기도 하나 자신을 발견하는 일이기도 하다. 자신을 발견하고 소멸과 생성을 반복하는 순리를 기억하며 이에 순응하면서 결속하는 것이다.

또한, 「기억 너머 저편에 서서」에서는 기억이 의인화되어 과거의 시간과 만난다. 그의 시간은 이제 쇠잔해져 기억을 메고 과거의 자신과 만나고 있다. 거기에 어느 시간의 자신이 아련히 보인다. 그는 형체가 없기도 하고 젓가락을 들추듯 세월을 들추면 선명하게 보이기도 한다. 그간 지나간 시간에 대한 자신을 반추하면서 연륜의 의미를 생각한다. 시간의 흐름으로 나이가 들었지만 부끄러웠던 자신을 보니 인생 여정이 쉽지 않다는 것을 깨닫는다. 수많은 시간 속에서 후회와 반성의 눈물을 쏟아내며 토닥거린다.

    쇠잔해진 기억을 메고/기억 너머 저편에 서니/나의 옛 모습이 보인다.
    형체 없는 아지랑이처럼/아슬랑거리다 사라지고
    다시 아슬랑거리는 기억을/젓가락질하듯 들추어 본다.

    거적에 덮여 있던 추억/실타래에 감긴 실처럼/살살 따라 오른다.

가끔 엉킨 매듭, 핀셋으로 풀지만/한계가 있구나.

기억 뒤편에 서서 바라본 앳된 옛 얼굴/반가워라.
이젠, 남루하고 헤진 내 얼굴/실망이지만
주름진 얼굴 어루만지며/연륜이라 생각한다.

힘겨웠던 기억/즐거웠던 조각
창피한 줄 모르고 간과했던 날들/바라보니
너/여기까지 오는 여정이/쉽지 않았구나.

늙어, 말라버린 눈물/회춘한 듯 쏟아지니
색바랜 소매 들어/수건 삼아 닦아낸다.

너/수고했다./너/수고했어//
옛 모습 뒤에 서서/나를 토닥이며 위로한다.
　　―「기억 저편에 서서」

　이만큼 세월이 지나서 되돌아보니 분명 과거의 시간에 용기 있게 존재했던 자신에게 연민이 어린다. 앳된 얼굴로 세월의 풍파를 견뎌낸 모습을 대하니 반갑고 안쓰럽고 애틋하다. 이제 주름으로 남루해진 얼굴을 보며 그것을 연륜年輪이라고 규정한다. 연륜이라는 것은 일종의 지혜라고 해야 할 것이다. 살면서 쌓은 노하우가 바로 연륜이기 때문이다.
　연륜은 이제 다시 보니 이는 또한 풍요이며 향기이며 추억이다. 달빛을 털어 자연과 더불어 '수고했다'고 거듭 토닥거리며 자신을 위로한다. 그만큼 지금까지의 인생이 녹록지 않았다는 말이다. 힘들었던 시간은 지나고 이제 위로받고 싶은 마음이다. 그간 잘 살아왔다고, 잘했다고, 수고했다고 속삭인다.

한 사람의 인생은 순탄해 보여도 어렵고 힘들었던 시간을 견뎌온 지고의 날이라 하겠다. 한순간, 시간마다 선택의 문제와 그 결정으로 인한 모든 것을 책임져야 하기 때문이다. 이 무거운 짐을 이제는 내려놓고 잘 견뎌온 수고를 위로하고 있다.

또한, 시인은 가족을 생각한다. 그리움의 저변에 가장 먼저 등장하는 것이, 가족인 경우가 많다. 그중에 부모님에 대한 연민은 누구나 갖는 보편적인 현상이다. 시인의 부모님도 행복한 순간, 어려운 순간에 손등을 덮어준 용기와 희망으로 다가온다. 더구나 시인에게 가족은 시어가 되어 시의 구성원이 된다. 이에 시인은 가족을 노래하고 이를 용기와 희망으로 가치를 부여하고 있다. 가족은 시의 곳곳에 등장하며 시인을 위로하고 그리움의 종주가 된다. 즉, 행복했던 순간도 어려웠던 순간도 가족이 있어 견뎌낼 수 있었다고 고백하는 것이다.

생각이 물컹거리던 시절/믿었던 북극성이/하늘에서 사라지니
낙조落照처럼/희망이 가라앉았다.

세월 약 장기 복용으로/잔인했던 기억/창고 속에 가두니
희망이 해 오름처럼/다시 솟았다.

> 회복된 희망찬 나날/영화 속 한 장면 같은
> 아버님 생전 대화對話, 마음에 엉겨
> 산호처럼 자라고 있었으니
>
> 병상에 누워 계신 아버지/"농 속 양복을 가져오너라." 하신다.
> 몹시 흔들리는 손으로/호주머니에서 지폐를/꺼내시더니, 내게 건네신다.
> "괜찮아요" 하니, 하신 말씀/"부모는 자식에게 줄 때 행복하다고"
>
> 지폐 손에 쥔 등굣길*/병원 엘리베이터 속에서/숨죽여 울었다.
> ― 「아버지의 마음」 부분

 시인에게 아버지는 북극성이다. 북극성은 붙박이별로 불멸과 영원을 상징한다. 또한, 길잡이별로 모든 길을 안내하는 별이다. 항상 볼 수 있는 별이며 북극성을 이용해 방위를 찾기도 한다. 또한, 북두칠성은 밝아서 주변의 별들보다 잘 보인다. 이에 왕조시대에는 임금을 상징하였으며 고대에는 하늘을 상징하기도 하여 섬기기도 하였다. 즉 북두칠성이 인간의 운명을 좌우한다고 믿어 이를 섬긴 것이다. 별이 인간의 길흉화복과 칠성신이 된 것으로 여기며 이 별은 수명을 관장한다고 민간신앙은 말해준다. '칠성판에 눕는다'는 것은 죽음을 상징하듯이 장수와 영생을 기약하는 장치로 쓰이기도 하였다.
 이러한 북극성의 의미를 담아 북극성이 하늘에서 사

라졌다 하여 아버지의 부재를 말하고 있다. 낙조처럼 가라앉아 이제 부재의 아버지는 아직도 농 속 양복 호주머니에 들어있는 지폐를 꺼내 아들에게 건넨다. 그러면서 '부모는 자식에게 줄 때 행복하다'고 말씀하신다. 병상에서도 무언가를 주는 행복, 누워있는 아버지의 지극한 사랑은 나중에야 그 진정한 의미를 깨닫는다. 시인이 어렵게 대학에서 공부하던 시절이다.

> 울 엄마 산에 두고/집에 홀로 들어서니
> 허리춤 허전하여/건넛집 방방을 둘러본다.
>
> 산에 가신 우리 엄마/오늘 밤 첫 밤인데
> 혹여/무섭진 않으실까.
> 아버님 함께하니/무섭진 않을 거야
>
> 아버님 핑계 삼아/내 맘/요리조리 달래 본다.
>
> 하늘아/산에 계신/울 엄마
> 오늘 밤, 외로움 탈까 염려되니
> 별 가득 총총한 밤 부탁한다.
> (중략)
> ―「울 엄마 산에 두고」부분

시인은 어머니를 산에 두고 오면서 집안을 돌아본다. 산에 아버지와 함께 있으므로 무섭지 않을 거라 위로하면서 자신을 위로한다. 그리고 하늘에게 부탁한다. 별이 총총하게 박힌 밤이 적적하고 외로운 어머니의 친구가 되기를 바라는 것이다.

어머니에게 부탁한 별 가득 총총한 밤은 자식을 많이 낳은 어머니를 위로한다. 자식의 별들 하나하나 헤아리다 잠이 들면 별빛을 꺼서 잘 주무시게 해야 하는 어두운 밤을 부탁하기도 한다. 생전에 잠도 잘 못 자던 고단한 어머니의 인생을 위한 조언이다.

자식들 생각에 자식별을 헤면서 눈물짓지 말라고 또 한마디 더 한다. 평생을 자식을 위한 일에 인생을 바친 위대한 어머니에게 시인은 도란도란 말을 건네며 다정한 밤을 맞고 있다. 자신을 위해 살기는 쉽다. 그러나 자식이라 해도 자신이 아닌 자식을 위해 평생을 헌신하는 것은 위대한 일임은 분명하다.

여기서 시인은 어머니를 대하는 태도가 친밀하고 다정하다는 것을 엿볼 수 있다. 생전에 대화하듯이 그대로 내용을 담고 있으며 그 친밀성을 극명하게 드러내고 있다. 아버지는 어려운 존재이나 어머니는 다정한 존재로 그려지고 있는 것이다.

3. 사람을 받쳐 준 든든한 버팀목 두 가지

시인의 인생에 도움을 준 가장 큰 동반자이자 버팀목이라 한다면 바로 아내와 직장이다. 든든한 버팀목으로 지금의 화자를 있게 한 지대한 공헌자라 하겠다. 인간은 홀로 살아갈 수 없다. 홀로 살아가는 많은 사람이 우울증을 앓고 있는 것만 보아도 혼자 사는 것이 얼마나 힘든 일인가 생각하게 한다. 다행히 박 시인은 아내와 직장이라는 든든한 버팀목이 있어 살아가는 내내 풍파에 시달리지 않고 안정적인 인생을 살 수 있었다. 따라서 시인은 아내의 희생과 헌신에 감사하며 교정을 바라보며 만족감을 드러낸다.

연민, 그 앞에서
내 기억 속 앳된 아내
아내 생각을 중심에 두고
상념에 젖는다.

아내와 나의 젊은 시절은
지층처럼 층 속에 묻히고
풍상에 일그러진 최 외곽 층만
현재에 드러나 있다.

옛 모습은 사라진 것이 아니라
그냥 그 자리에 묻혀 있을 뿐

불현듯 찾아온 미래가
'삶의 끝'을 화두로 던진다.

던져진 화두
삶의 끝을 생각하니/모든 삶의 끝은 이별이라는
한 방울의 생각으로/귀결되고 말았다.

먼 훗날, 우리 삶에 있을
이별의 순간을/앞당겨 생각하니
거저 오는/수많은 오늘이/고맙고 애틋하다.

내 삶 어느 날에 있을 이별/현실처럼 느껴지니
아내와의 일상이/소중할 뿐이다.

> 내 곁에서 자는/아내에 대한 연민에 찬
> 기억의 분비물이/어두운 주변을
> 이리저리 기어 다니고 있다.
> ─「연민 그 앞에서」

아내를 바라보는 남편의 마음은 착잡하다. 앳된 기억도 시간도 지나고 젊은 시절도 지난 시점에서 지층이 되어 풍상에 일그러져 최 외곽 층만을 드러내고 있기 때문이다. 아내의 앳된 옛 모습이 과거의 시간 속에 그냥 그 자리에 묻혀 있다고 아쉬움을 고백한다. 이제 껍데기 층만 남은 현재의 시간은 '삶의 끝'을 따져 묻는다.

삶의 끝은 무엇일까? 시인은 삶의 끝에 이별이 있다고 말한다. 이별은 이제 다가오고 있으며 그것은 불가항력이며 운명적이라 여긴다. 따라서 시인은 이별의 어느 날을 생각하면서 오늘이 고맙고 애틋하여 아내에게 더욱 고마움을 느낀다. 잠 든 아내의 모습은 기억의 분비물이 충만하게 주변을 배회하는 현상으로 표현하고 있다.

> 곱디곱던 살에/세월이 더해져/지금의 당신
>
> 당신은 내 곁에/나는 당신 곁에
> 서로를 의지하며/지나온 세월
> 정어린 마음으로/어루만진다.
>
> 우리 곁에 맴돌던/즐거운 날
> 기쁜 날/슬픈 날/가슴으로 받고
> 손으로 잡고/발로 디디어

살아온 세월/서로 닮기 위한
몸부림이었구려.
당신의 눈빛/나의 손짓
우리만의 언어가 되어
말이 필요 없어라.

함께/살아갈 세월/한 줌 남았으니/늙고/모양 빠진 얼굴/맞대고
웃기 어려워도,/쌓인 정/벗 삼아/남은 세월/살들이/살아 보오.

고운 정/묵은 정/미운 정/모아봐도//
"당신 사랑하오"/이 말을 /이기지 못하는구나.//
당신 가슴에 남기고픈 마지막 말은//"여보, 사랑하오."
— 「아내 1」

아내를 사랑하는 깊은 마음을 느낄 수 있는 위의 시에서 화자는 급기야 직설적으로 아내에게 사랑한다고 고백을 길게 하고 있다. 화자와 아내는 '나-너'의 상관관계이지만 서로를 의지하며 지탱한다. 깊은 마음으로 서로를 어루만지고 기쁨과 슬픔을 나눈다. 어떤 말보다 사랑한다는 말을 이기지 못한다는 것에서, 시인은 아내에게 가장 좋은 말을 하는 모습이 극명하게 나타나고 있다.

그것은 서로를 닮기 위한 지극한 세월이었으며 서로를 아우르는 언어로 채운 지고의 시간이었다. 비록 나이가 들어 외모는 볼품없지만, 함께 살아갈 세월이 남아 있어 뿌듯하다. 이것은 겉모습이 아니라 진심의 내

면에서 흐르는 깊은 사랑의 마음이라 하겠다.

  연애 시절부터/들고 다닌 검은색 가방/스님 가방처럼 생겼다.//
  산 당시 가방 모양/그대로인데/해어지면 깁고 덧대어
천은 이미/옛것이 아니로다.//
  남루한 누더기 가방/유일하게 남은 옛것은/가방끈 하나//
  아내의 유일한 가방/아내 마음이 담겨 있다.//
  자식 남편 먹거리/온갖 생활필수품
적시에 꺼내어 주니/부족함이 없어라.

  코흘리개 남편/콧물 흐르면/가방 속 휴지
어느새/내 손에 쥐어져 있다.//
  가방에 없는 유일한 물건/아내는 그 흔한
휴대전화기 한번/가져 본 적이 없다.//
  "난 사업가도, 직장인도 아니라/휴대전화기가 필요 없다고"//
  오늘도/아내는 44년 된/스님 가방처럼 생긴
펑퍼짐하고 모양 빠진/가방을 어깨에 걸었다.//
  아내는/어제도 오늘도 내일도/이 가방을 메었고/메고 있을 것이다.//
  아내의 가방은 사랑 나눔 복주머니
     ―「아내의 가방」부분

 더불어 시인은 아내가 들고 다니는 아주 오래된 가방을 상기한다. 아내의 가방은 흔히 사치품으로 여겨지는 핸드백이 아니라 가방의 형태라는 것에 주목한다. 멋 부리지 않고 실용적 기능만을 강조하여, 갖고 다니는 검은 색 네모난 가방은 아내의 삶을 대변하고 있다. 오랜 시간이 지나 깁고 덧대어져 있으며 천은 옛것이 아닐만큼 해진 모습이다. 누더기 가방은 수선을 거듭하여 옛것이라곤 가방끈뿐인 상태이다.

  아내의 분신인 가방은 큼직하여 들어있는 것도 많다. 생활필수품은 물론이요. 가족을 돌보기 위한 물품으로 가득하다. 자신은 없고 가족만 들어있는 가방이다. 그런데도 그 흔한 핸드폰이 없다. 44년 된 네모난 큼직한 가방은 아내의 사랑으로 가득 들어 차 있고 오늘도 아내의 어깨에 매달려 있다.

      아침 연구실/대학 정문 동편으로 안개가 밀려온다.
      철탑에 걸려 있는 전력선이 사라진다.
      하늘처럼 보이던 바다도 사려져/내 앞에는 그저 안개뿐
      나의 외침도 안개 속으로 속절없이 먹혀 버린다.

      초라한 농성장/고요가 정상인 양 적막한 교정
      안개가 성난 악어처럼 모든 사물을 먹어 치우니
      응어리진 외로움만 가슴에 남아 머리채를 움켜쥔다.

      태양은 안개 뒤에 숨고/시간은 안개에 묻혀
      낮과 밤 구분이 어렵다.

      초라하고 미약한 초침/새 가슴 뛰듯 간신히 움직여
      시간 더하니/안개가 걷히고/전력선이 보이더니
      바다가 다시 나타난다./표정 없는 정문이 보이고
      눈 부신 태양은 나를 무심히 바라본다.

> 안개 걷힌 농성장/내가 앉아 소리쳤던 천막 농성장은
> 여전히 초라하지만,/안개가 걷히듯
> 나약함이 굳셈이 되고/절망이 희망이 되리라는
> 메시지가 되어 가슴에 안긴다.
> ―「校庭을 바라보며」

연구실에서 교정을 바라보는 화자는 안개 낀 아침을 자세하게 표현하고 있다. 안개가 밀려오면 철탑 전력선이 사라진다. 드넓은 바다도 사라지고 사람들의 소리도 안개가 먹어 버린다. 고요한, 이 안개 낀 초라한 농성장은 안개가 모든 것을 덮어 보이는 것이 없다. 짙은 안개에 묻힌 교정의 모습은 알 수 없는 인생처럼 낮과 밤의 구분도 되지 않는다. 그러나 제아무리 안개도 태양이 높아지는 낮이 되면 걷히게 마련이다. 전력선이 보이고 바다가 나타나며 정문이 표정 없이 드러난다. 안개가 걷힌 환한 태양 아래에 나약함은 사라지고 굳세어지며, 절망은 희망으로 바뀌어 사람들에게 다가오고 있다.

> 젊어서는 공부를 위해/눈까풀을 치켜들었고//
> 중년이 돼서는 아내와 자식을 위해/자신의 출세를 위해
> 눈까풀의 무게를 이겨야 했다.
>
> 퇴직 후에는/떨어지는 눈까풀을 애써 들어 올려
> 세상 바라볼 이유가 없어/소파에 누워
> 눈까풀을 닫아 시름을 덮는다.
>
> 미래의 어느 날/영원히 눈까풀을 들어 올리지 못할 그 날은

내 생애 시간 속 끝날에 마련되어 있다.

눈까풀을/들어 올리지 못할/그날이 오면
나는/마음마저 보태어/영원히/감고 말리라.
　　―「눈까풀」

　눈까풀을 소재로 시상을 전개하는 시인은 눈까풀 올리는 일이 인생을 대변하고 있음을 드러낸다. 젊은 시절 눈까풀을 들어 올리는 일은 공부였고, 중년에는 가족과 출세를 위해 눈까풀의 무게를 견뎠다. 퇴직 후에는 세상을 바라볼 이유가 없어 소파에 누워 눈까풀을 닫아버리고 시름을 덮는다고 이바구를 한다.
　그리고 미래의 어느 날에 영원히 눈까풀을 들어 올리지 못할, 그날이 오면 시인은 마음을 보태어 영원히 눈을 감겠다고 한다. 위트있는 이 작품은 눈까풀을 통해서 인생을 조망하는 관조적인 태도가 드러난다. 시인의 표현대로 눈까풀의 무게를 이기고 견디며 그것을 또한 덮고 감는 것이 인생인지도 모른다.

　4. 벚꽃에게 물어보는 시간
　박중신 시인은 나이가 차서 은퇴를 하게 되면서 자신의 삶을 되돌아 본다. 이전까지의 삶과는 다른 중압감으로 반성과 성찰을 거듭하면서 어디까지 가야하는지 이제 남아있는 시간을 가늠한다.

사회가 정한 나이/이제 쉬란다.//
영육이 멀쩡하고/손발 또한 이상 없는데

이제 쉬란다.

그래, 나에게는/그동안 구축해 둔
내 영원한 안식처, 집이 있으니/걱정은 무슨.

싸 들고 온 짐, 집에 들이니/이곳 분위기 또한 이상해
쥐구멍인 양, 내 몸 들락거려야/영원한 안식처란 걸
뒤늦게 깨달았으니

삼식이 눈칫밥/절벽처럼 다가선 급변에
마음 편해 볼 양으로/집을 나선다. 이른 아침에

산과 들 그리고 바다/낚시, 등산, 운동, 출사出寫
맛나고 달던 세상의 오락/온종일 본업이 되니
진한 설탕물 들이켠 것처럼/질려 보기도 싫다.

이곳저곳 둘러보아도/내 마음 둘 곳 없어
공원 벤치에 앉아 하늘을 보니/멋대로 뭉쳐진 구름
웃으며 하는 말//
"그래도, 아내 품이지,/어서 집으로 가시구려" 한다.
　　　　　　　─「은퇴隱退 그 후」

　벌써 나이가 들어 은퇴한 화자는 집이 영원한 안식처라는 것을 깨닫는다. 사회에서 정한 나이가 되어 어쩔 수 없이 자리에서 물러나 있다. 하지만 마음은 청춘인데 아직도 팔팔하게 일할 수 있는데 정한 법칙에 따라 은퇴를 한 것이 너무 아쉽기만 하다.
　하여, 집에만 있기가 불편하여 마음이 이끄는 데로 이곳저곳으로 나다닌다. 산과 들을 쏘다니며, 낚시와

등산을 하고, 운동과 출사出寫 등 온갖 오락을 즐기며 시도해보지만, 매일 그런 일을 대하니 그 또한 질려버리고 만다. 이에 공원에서 하늘을 보며 신세를 한탄하는데 하늘이 한 수 일러주는 것이 아닌가? 그래도 아내 품이라고, 어서 집으로 가라고 말이다.

스스로 자문자답하면서 인생을 위로하고 토닥거리는 화자의 고백이 안타깝기도 하고 우습기도 하다. 별것 아니지만 작은 일에도 이렇게 사람들은 연연하면서 소시민적 태도로 살고 있다. 하지만 화자는 이미 시인으로 제이의 인생을 살고 있다. 시를 쓴다는 것은 자신을 돌아보는 것이며, 자신과 자신이 속한 사회에 대하여 성찰한다는 뜻이다. 이에 화자는 더 깊은 사유의 세계로 나아가야 할 것이다. 시는 철학적 사고를 기반으로 하고 이는 자신과 사회를 위한 디딤돌이 되기 때문이다.

> 홍제천 변을 걷고 있는데/젊은 내가 찾아와 대화를 청했다.//(중략)
> 젊었을 때와 나이 들었을 때와는 무슨 차이가 있는지요.//
> 글쎄, 나이 들어보니//젊을 땐 거부하는 것이 많았고/나이 드니 받아들이는 것이 많아지더군.//젊을 땐 창의적인 것을 원하지만/나이 드니 지속을 원해.//(중략)
> 추측건대, 기억력이 약해지니, 세세한 기억이 사라져서 그런 것이 아닌가 나름대로 생각하고 있어.//삶의 과정에서, 사람은 왜 늙는지 느낀 바가 있는지요.//
> 알 수 없어/신만이 아는 영역이 아닐까!//(중략)//신은

인간을 포함해서 우주를 시간 속에서 만들었다는 거야./그래서 인간은 시간을 뛰어넘을 수가 없다는 거지./그러다 보니/과거, 현재 그리고 미래가 있고/그로 인해/생로병사가 있고 시작과 끝이 있다고 하더군./그러니/인생에는 젊음과 늙음이 있지./결국, 끝을 보는 삶인 거야.//그럼 신은 뭔지요.//신은 시간을 초월한 무엇이라고 말씀하시더군./그래서/
   과거, 현재 그리고 미래가 동시에 존재한다나/그래서/
   가고 옴이 없고 시작과 끝이 없어/그러니/생로병사가 있을 수가 있나./
   다른 말로 영원히 존재하는 거지./그래서/시간 속에 있으면 인간이고,/시간을 초월하면 신인 거야.//시간을 뛰어넘을 수 없으면 순응하는 거지./결국, 자연으로 돌아간다는 말이지.//그럼, 어떻게 살아야 하나요.//글쎄//내 몸은 잠깐 쉬었다 가는 낡아가는 쉼터야./젊음이 머물다 가고/중년도 머물다 가고/지금은 어느 어르신이 머물고 있어/그분도 언젠가는 가시겠지.//이런 이유로/멋진 쉼터에서 살면 되지 않을까.//(중략) 살다 보니,/"바람은 방향을 고집하지 않는다." 라는 사실을 알게 되었지.//(생략)
   ―「젊은 내가 찾아와 묻기에 답하다」 부분

젊었을 때의 자신과 현재의 자신이 만나서 서로 생의 난제에 대하여 문답을 하는 형식으로 이 시는 매우 긴 형태로 이루어져 있다. 질문의 내용도 다양하고 젊은이와 현재의 자신이 만나서 대화한다는 것이 특이하다. 대화의 주제는 인생과 시간의 문제들이다. 주로 젊은이가 질문하고 현재의 자신이 대답한다. 질문으로는 젊었을 때와 나이 들었을 때의 차이는 무엇인가? 사람은 왜 늙는가? 신은 무엇인가? 어떻게 살아야 하는가? 등이다. 이에 현재의 자신은 나름 철학적 단상을 제시하면서 젊은이의 궁금증에 지금까지의 연륜으로 쌓인 현실적인 대답을 하고 있다.

사실 현재의 자신이 더 궁금할 요소이기도 하다. 시인은 청춘의 시절에 궁금하고 풀리지 않는 문제를 지금도 자신에게 질문하면서 나름의 현답을 해보고 있다. 청춘의 시절에는 무엇이든지 명확하지 않으며, 미래는 어둡게만 보인다. 또한, 인생을 잘 살아갈 수 있을지 고민도 많다. 이러한 청춘 시절에 궁금해하던 것들을 지금 돌이켜서 문답법으로 해법을 제시하는 것이다. 너무 걱정하지 말고 성실하게 진심으로 살라는 시인의 충고에 다름아니다.

    길 따라 늘어선 벚나무/흐드러지게 꽃을 피웠다.//
    간밤에 내린 비/꽃잎 적시니/얹힌 무게에/처진 꽃잎/날 듯 말 듯/맥없이 떨어진다.//도로 경계석 밑/수북이 쌓인 꽃잎/봄 지난 흔적일 뿐//봄인양하여/서둘러 피었건만/온 듯 아닌 온 듯/스친 봄기운은/오간 데 없고/낙화만 가득하다.//
    아쉬운 마음에/떨어진 꽃잎/한 닢 한 닢/바라보니/구김살 한 곳 없는
    해맑은 얼굴인데/어찌 벌써/낙화가 되었는고.//
    아!/젊다 자랑 말자/벚꽃인들/구김살 없는/낙화 처지를/생각조차 하였을까!//
    내 삶 어디쯤이/청춘이었을까/아무리 더듬어 보아도
    아니온 듯/스쳐 지나간 세월이었구나.//
    떨어진 꽃잎 보며/살아온 삶의/흔적을 되짚어 본다.//
    아쉬워 말자/삶은 그런 거니까//꽃잎 한 장 입에 물고/

아직도/품고 있는
　　　잔향을 음미하며/가던 길을 걷는다.
　　　　　―「벚꽃에서 배우다」부분

　우리는 지난한 인생의 의미를 자연에서 배우는 경우가 많다. 자연은 웃고 떠들지 않으면서 자신이 맡은바 자신의 소임을 다하고 있기 때문이다. 벚꽃은 때를 따라 자연에 순응하면서 봄이면 수많은 꽃을 피워 사람들을 즐겁게 한다. 이에 시인은 벚꽃을 보면서 한 수 배우는 것이다.
　그런데 여기서 시인은 활짝 핀 꽃잎보다는 떨어져 수북이 쌓인 꽃잎에 주목하고 있다. 이는 꽃과 자신을 동일시하는 모습이라 하겠다. 젊고 화려했던 시절이 지나고 아직 아름다운 채로 떨어진 꽃들의 투신, 벌써 기억조차 나지 않게 지나가 버린 청춘의 모습이다. 이 꽃잎처럼 아직 아름다운 채로 떨어져 버려 작금의 자신을 들여다보게 한다. 자신도 충분히 아름다운데, 일할 수 있는데 아름다운 채로 떨어져 버린 것이다. 따라서, 안타깝고 아쉽지만, 시인은 자연에 순응하고자 가던 길을 계속해서 걸어간다.
　아름답고 화려했던 시간은 지나갔지만 아직도 잔향이 깊은 시간이 남아 있다. 지금까지의 시간보다 훨씬 의미가 깊고 소중할 시간이라 하겠다. 가족이 있고, 사람이 있고, 시가 있고, 세월이 한참 남아 있다. 자신이 있고, 존재가 있고, 수많은 만남이 있다.

5. 맑고 해깝고 튼튼한 정신을 향하여

　박중신 시인의 인생이 담긴 시편을 섭렵하여 보았다. 전체 90여편의 시에서 그가 살아온 궤적을 느끼며 그가 표현한 단상을 살펴보았다. 시인은 늦깎이로 등단하여 첫 시집을 상재하고 있다. 흔히 첫시집은 아무것도 모르는 어린아이와 같다. 우선 태어나야 하는 상황이라 하겠다. 태어난다는 것은, 즉 첫 시집을 상재한다는 것은 세상에 자신을 알리는 의미가 크다. 살아있음의 포효라 할 것이다.

　그간 외길을 걸어오면서 삶의 어려움도 많았으나 나름 잘 견디며 살아왔다고 자부하는 시인을 만난다. 그는 자신의 삶을 진심으로 살았으며 성실하게 살아온 것이다. 이는 자연에 순응하는 것이기도 하여 샌님같은 표정을 읽을 수 있었다.

　또한, 박 시인이 그려내는 그리움은 지나간 시절에 대한 것들이 많았다. 과거의 시간과 만나면서 자신을 돌아보고 성찰하는 형태라 하겠다. 그가 표현한 세계는 정겹고 따뜻하며 안정적이고 근면 성실하였다. 이에 자신에게 위로와 박수를 보내는 시편도 여럿 보인다. 지금까지 잘 살아온 시인에게 필자도 박수를 보탠다.

　시인으로 산다는 것은 자신과 사회를 생각하는 것이다. 시인에게 앞으로 남은 숙제라 하겠다. 또한, 시인으로 산다는 것은 미세한 틈을 보이면서 굵고 있는 어떤 현상을 표현하는 것이다. 이것이 철학이요, 삶이다. 박중신 시인의 해깝고 맑은 영혼을 만나면서 우리 사회가 더 밝고 튼튼해질 것이라 믿는다.